Quino

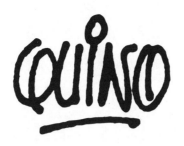

Humano se nace

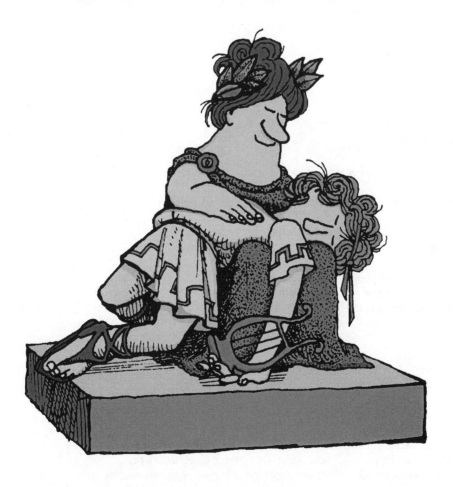

Lumen

Humano se nace

© 1991, Joaquín Salvador Lavado (Quino)

Diseño de la cubierta: Diego Medrano / Penguin Random House

Primera edición en México de Penguin Random House: abril de 2015

Venta exclusiva en México y no exclusiva en Estados Unidos de Norteamérica, Puerto Rico y todos los países de Centroamérica.

D.R. © 2015, Penguin Random House Grupo Editorial, S.A. de C.V.
Blvd. Miguel de Cervantes Saavedra núm. 301, piso 1, col. Granada,
Del. Miguel Hidalgo, C.P. 11520, México, D.F.

www.megustaleer.com.mx

Comentarios sobre la edición y contenido de este libro a:
megustaleer@penguinrandomhouse.com.mx

ISBN: 978-607-31-2281-8

Impreso en México / *Printed in Mexico*

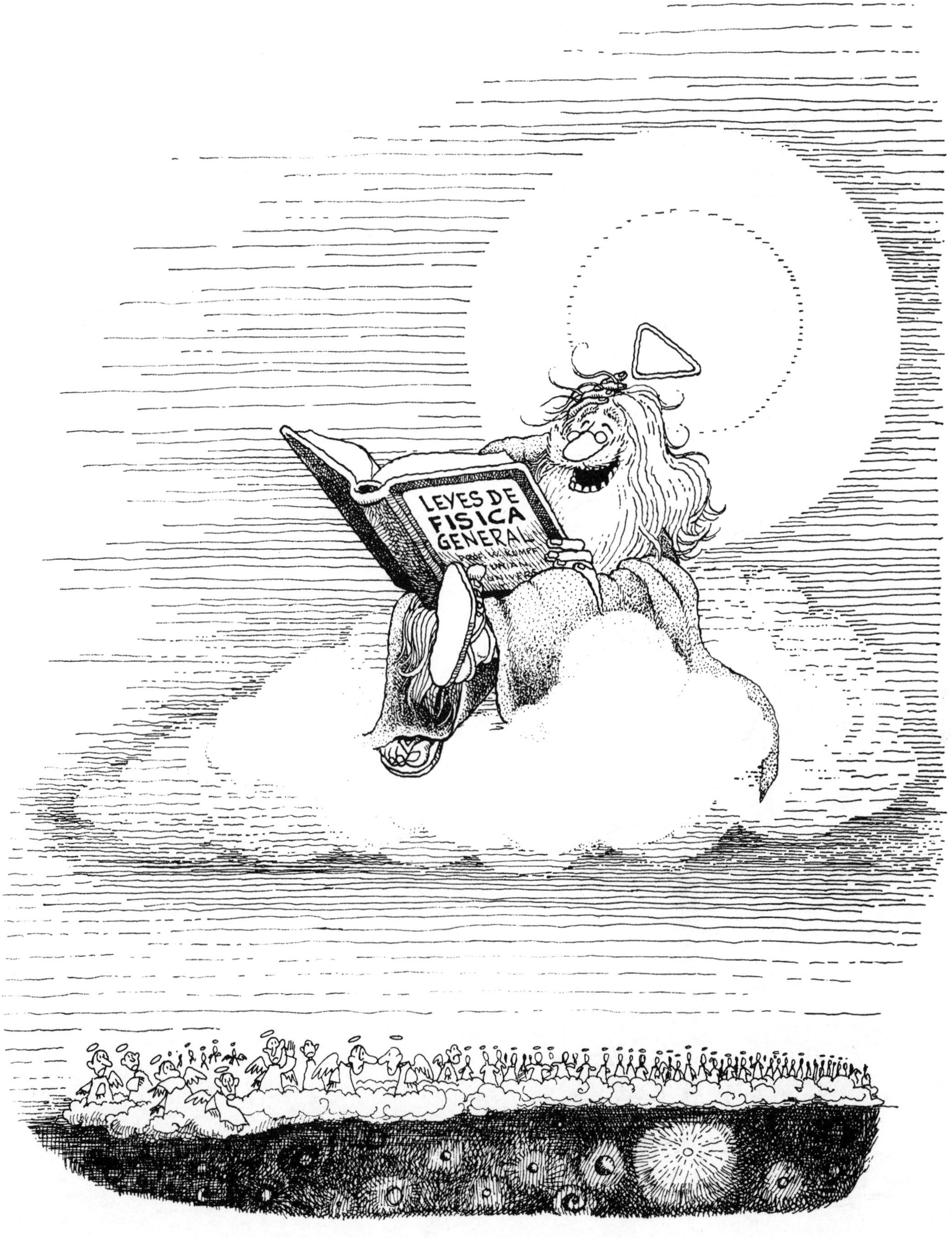
LEYES DE FISICA GENERAL
PROF. W. KUMPF

¡SEÑOR, QUÉ
¡ABURRIMIENTO!

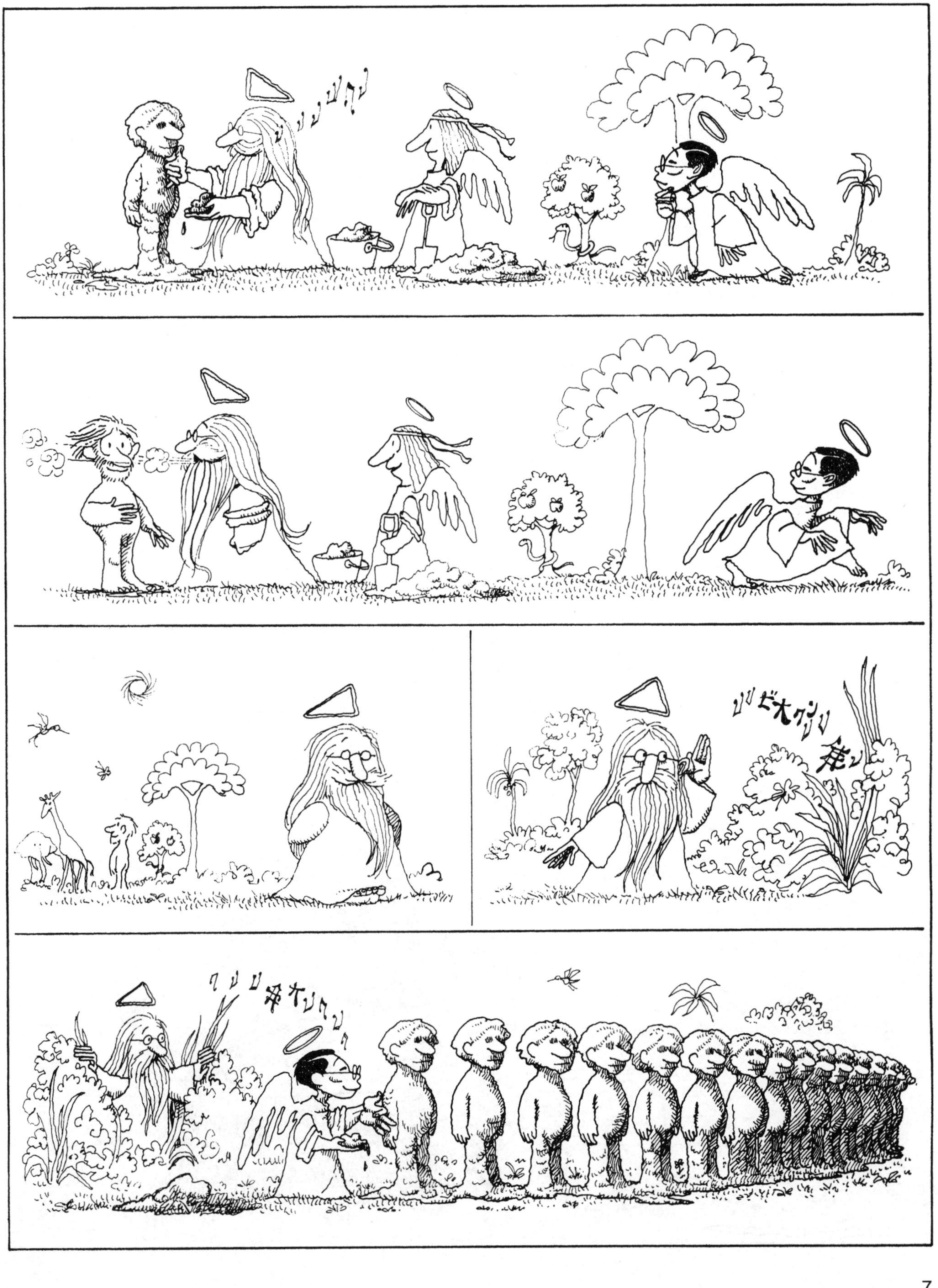

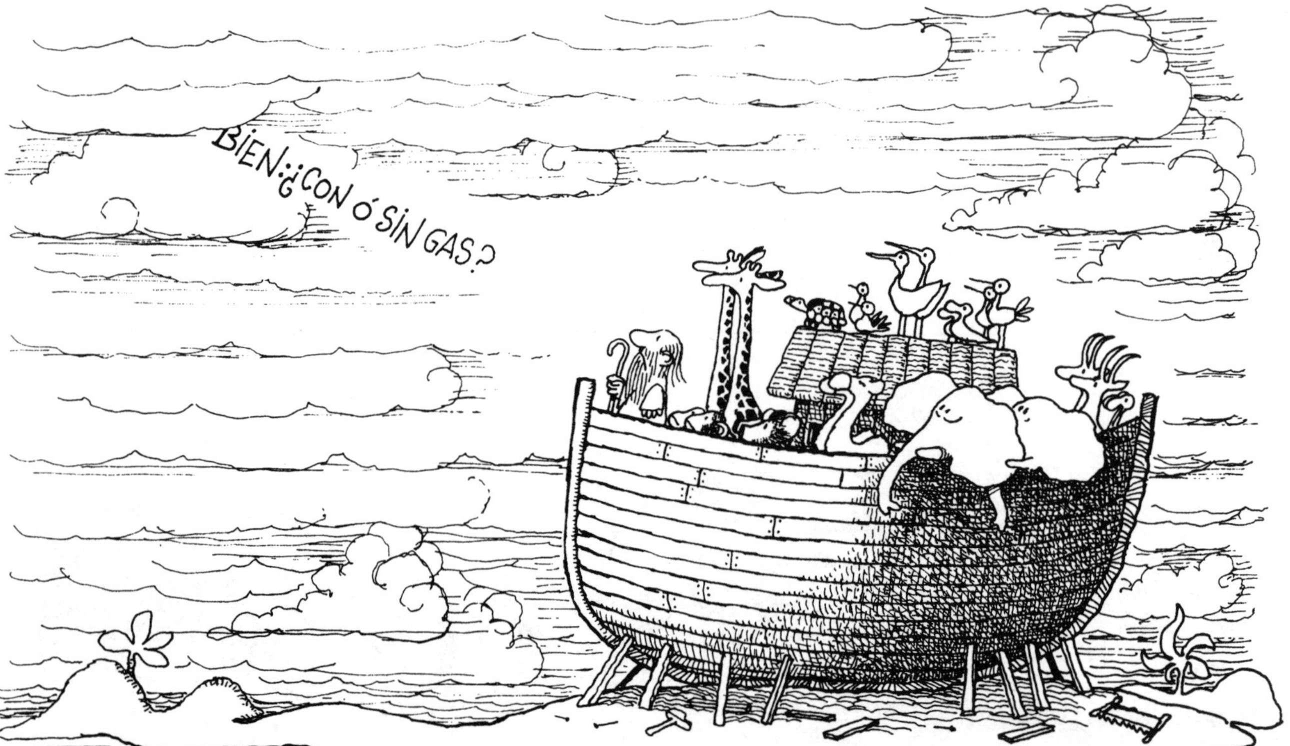
BIEN: ¿CON Ó SIN GAS?

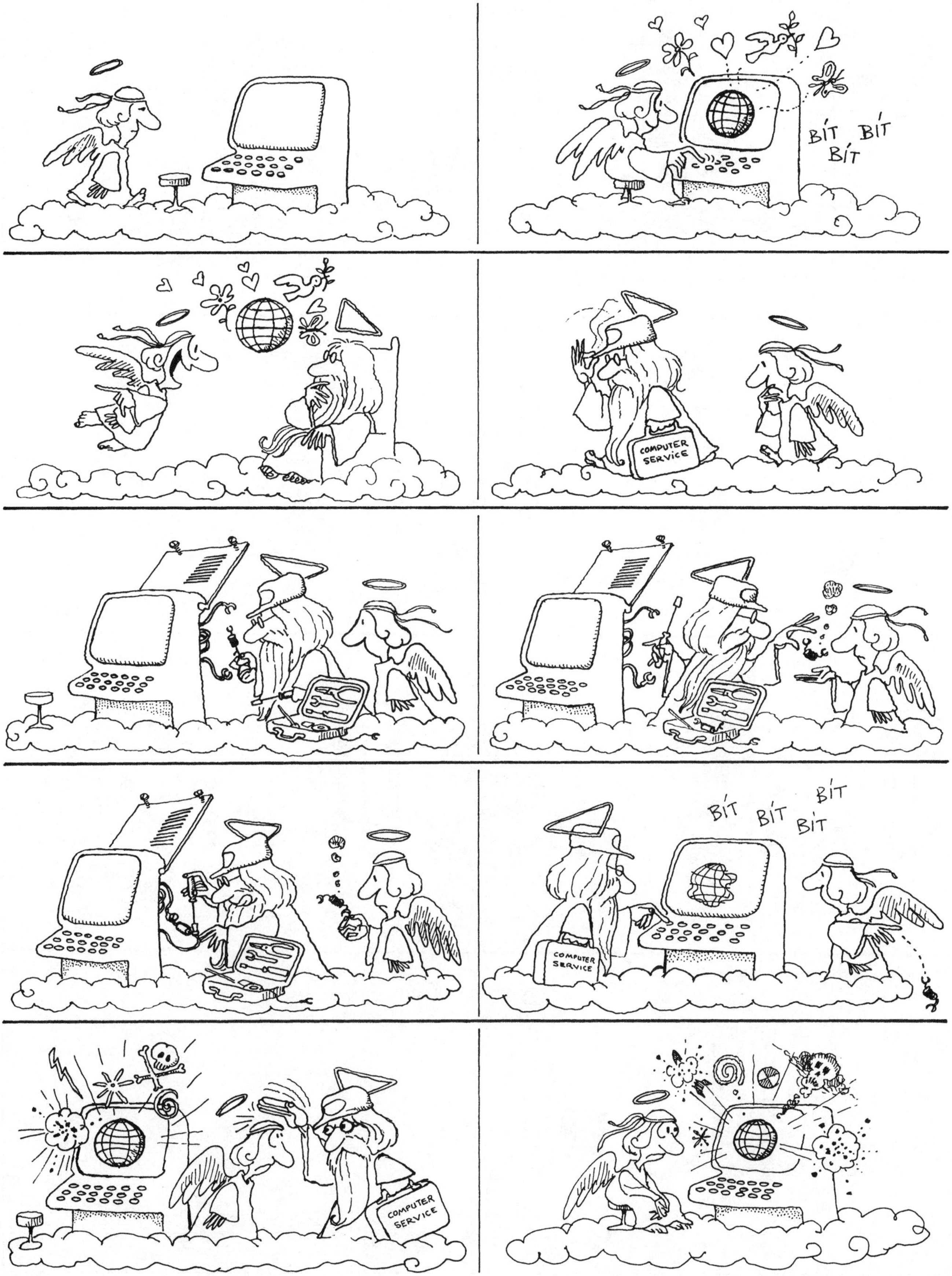
BÍT BÍT
BÍT
COMPUTER SERVICE
BÍT BÍT BÍT
BÍT
COMPUTER SERVICE
COMPUTER SERVICE

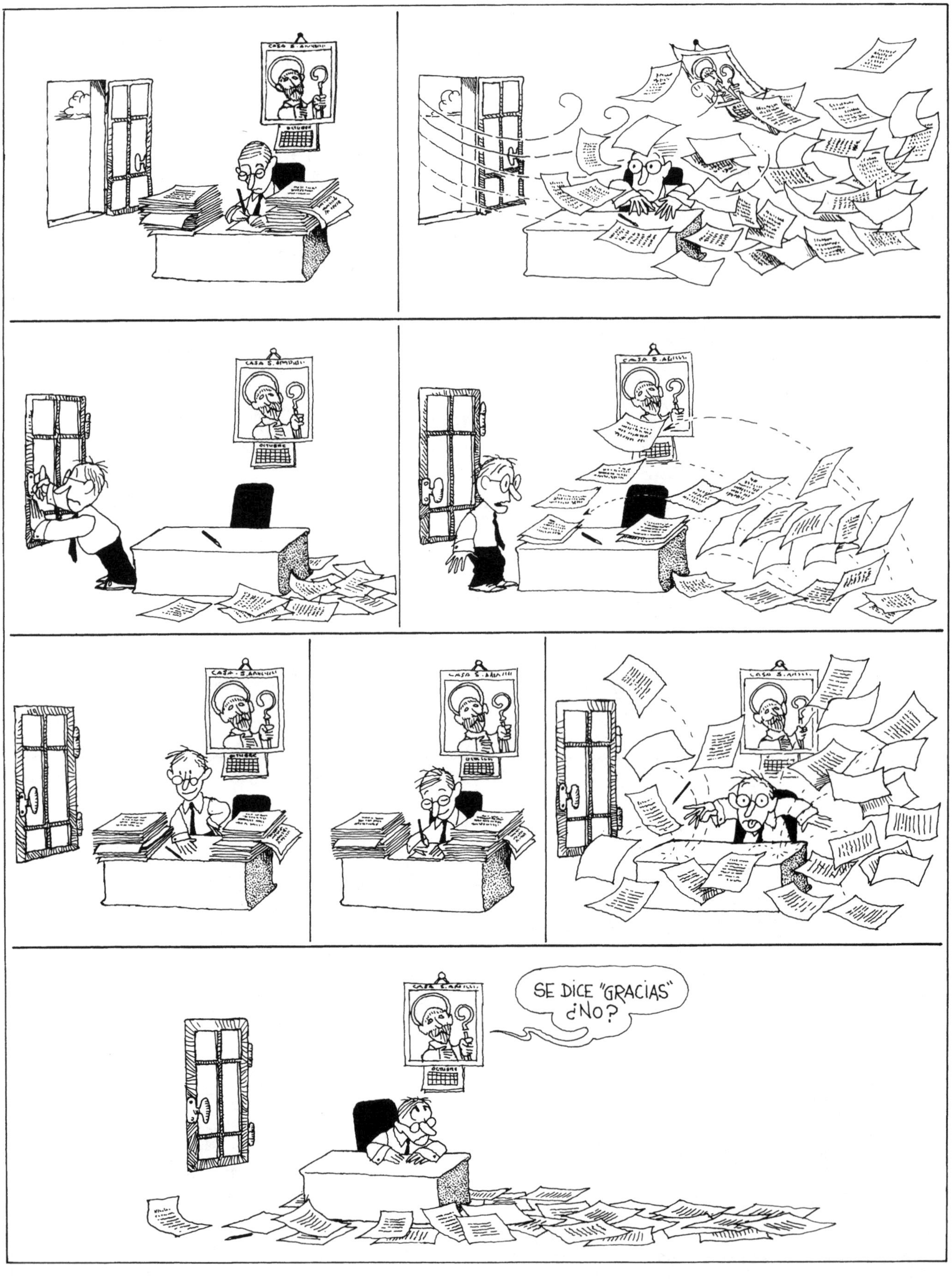
SE DICE "GRACIAS" ¿NO?

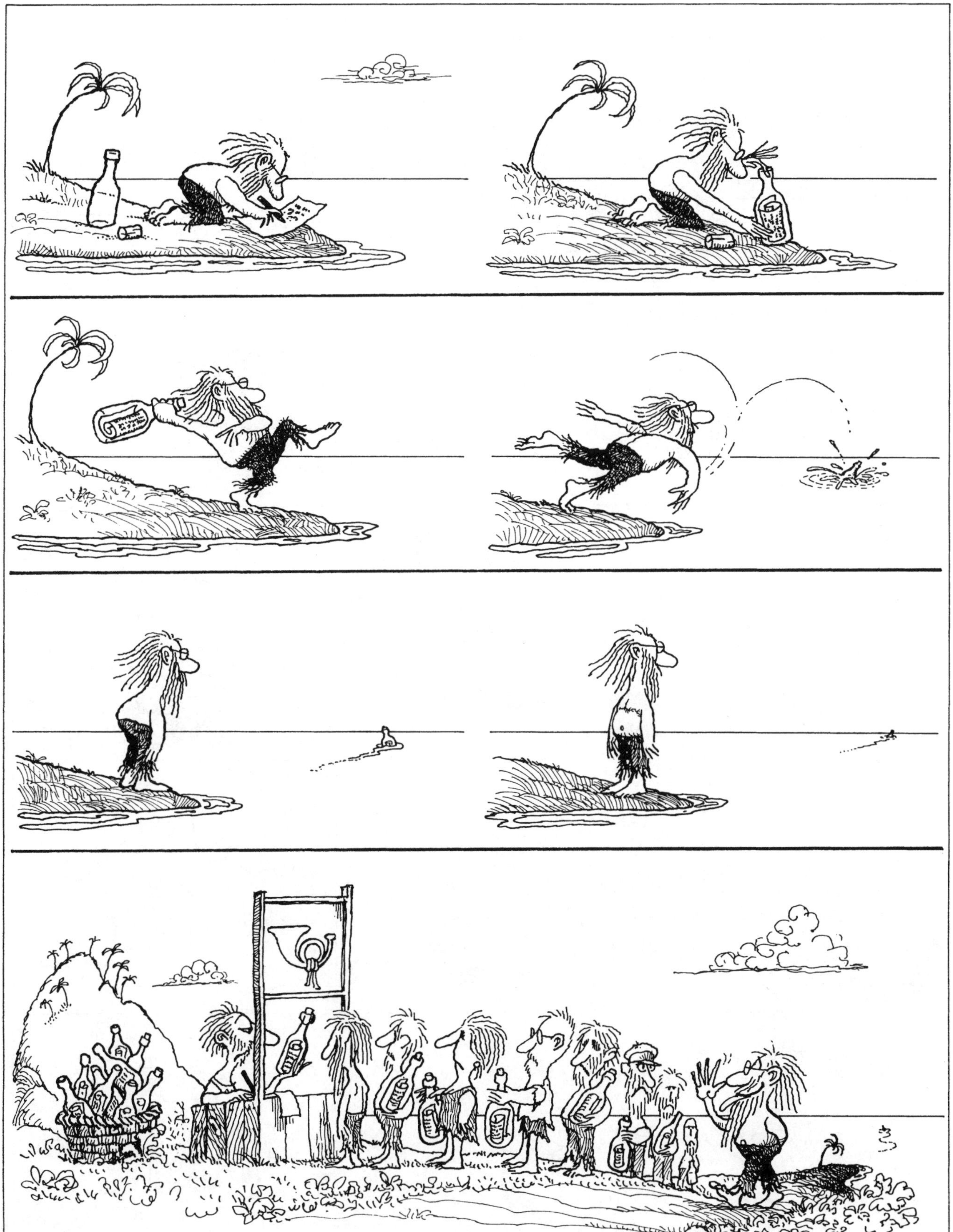

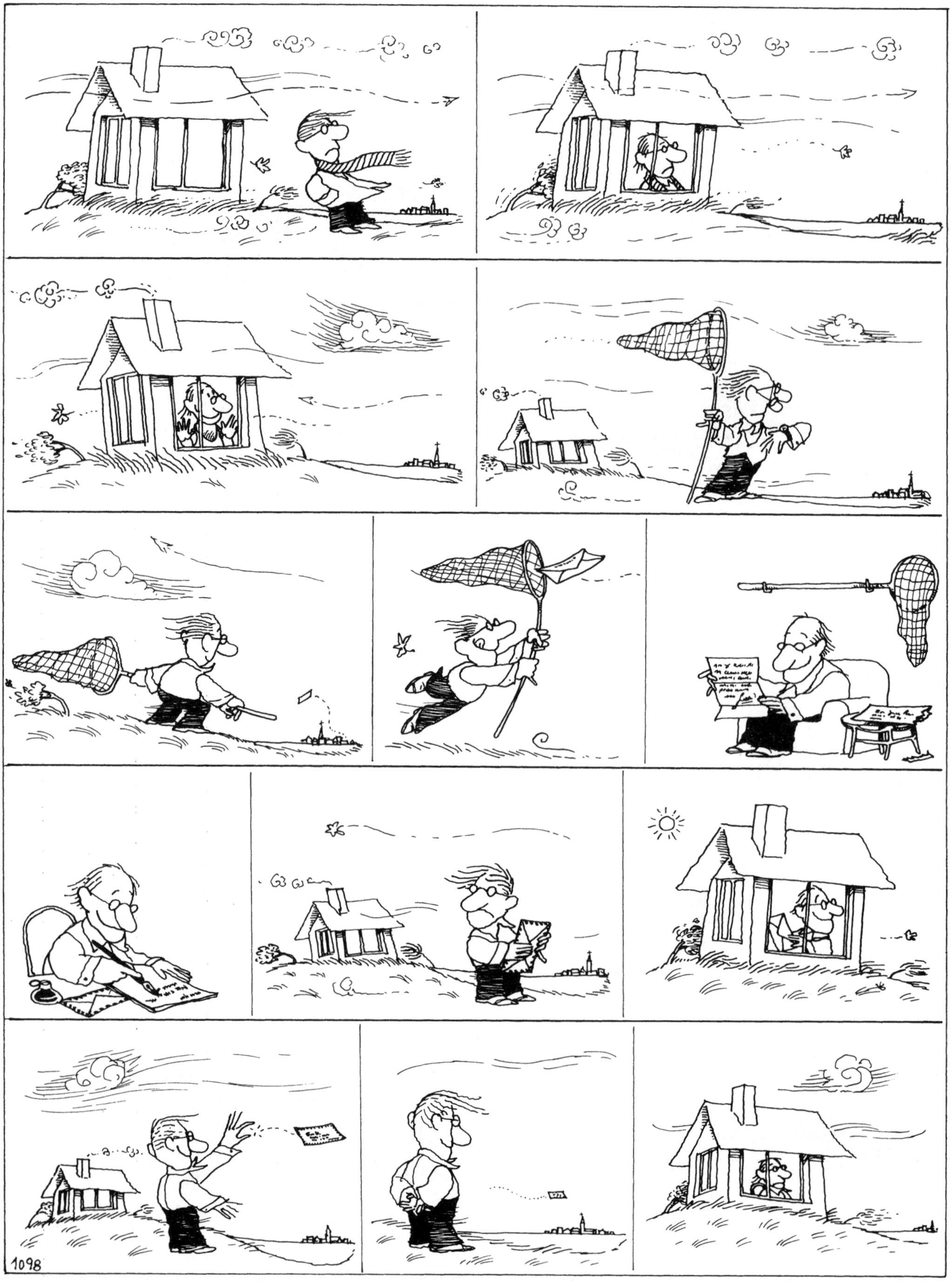
1098

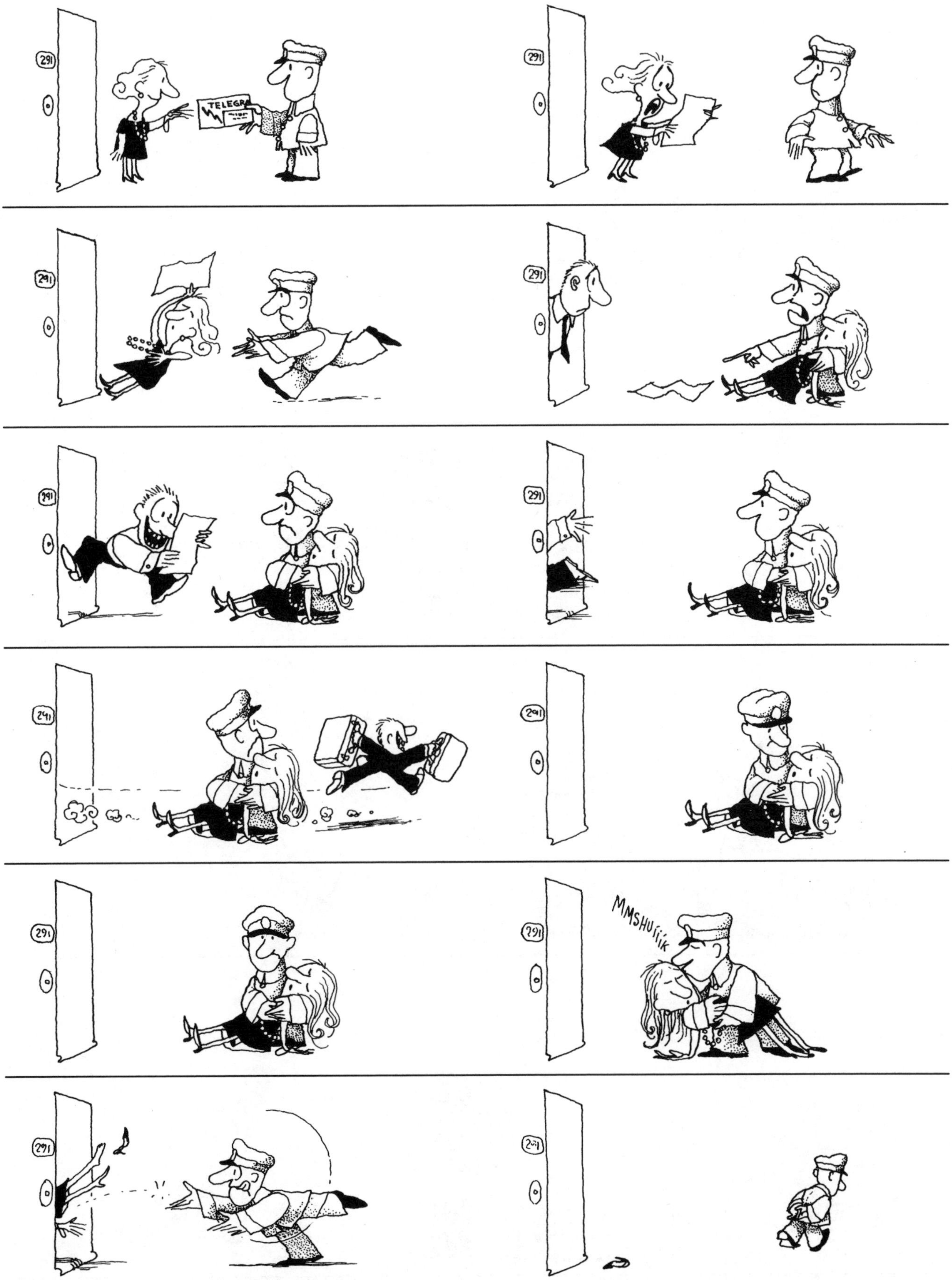
291
TELEGRA
MMSHUíííK

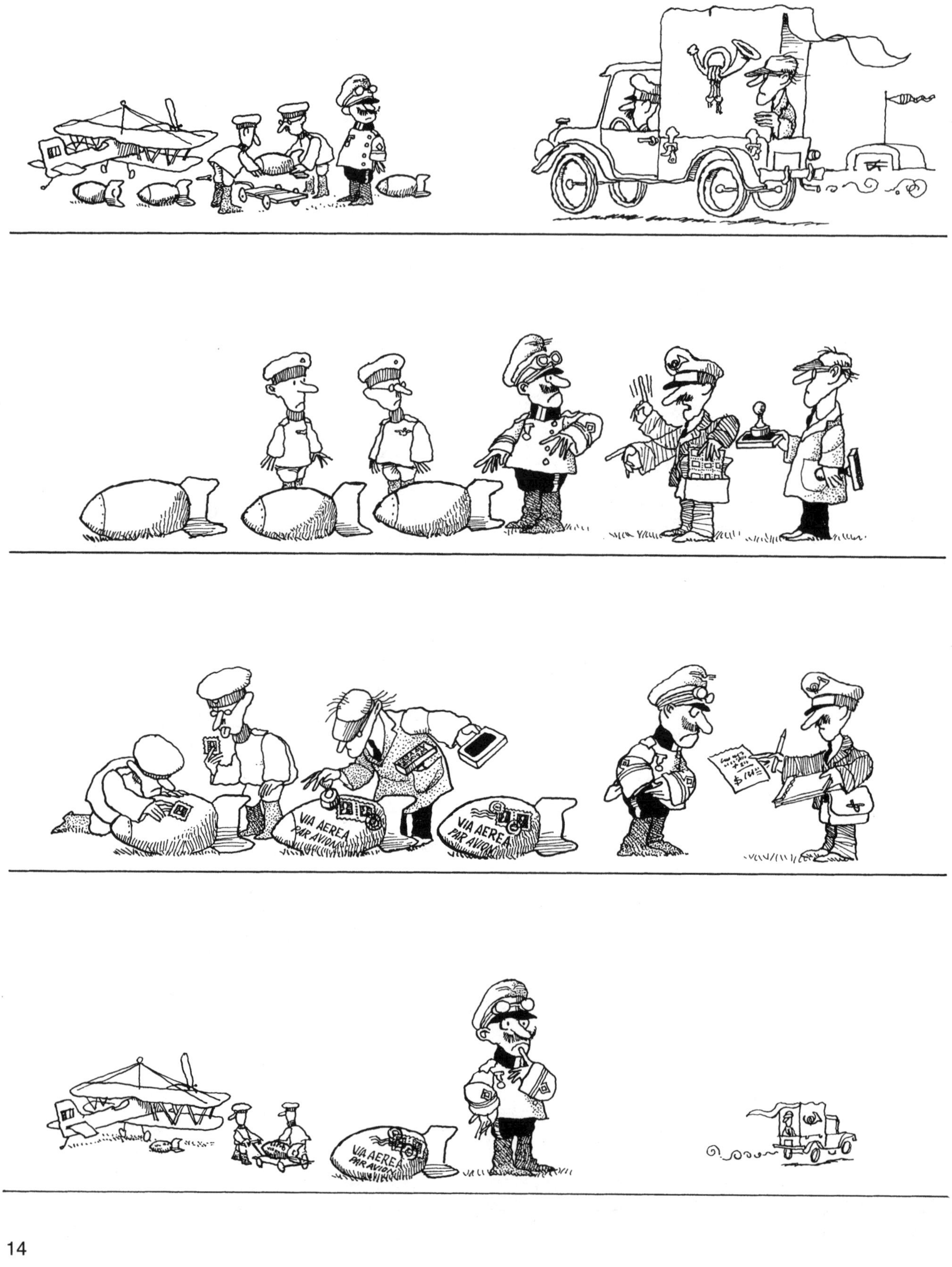
VIA AEREA
PAR AVION
VIA AEREA
PAR AVION
VIA AEREA
PAR AVION

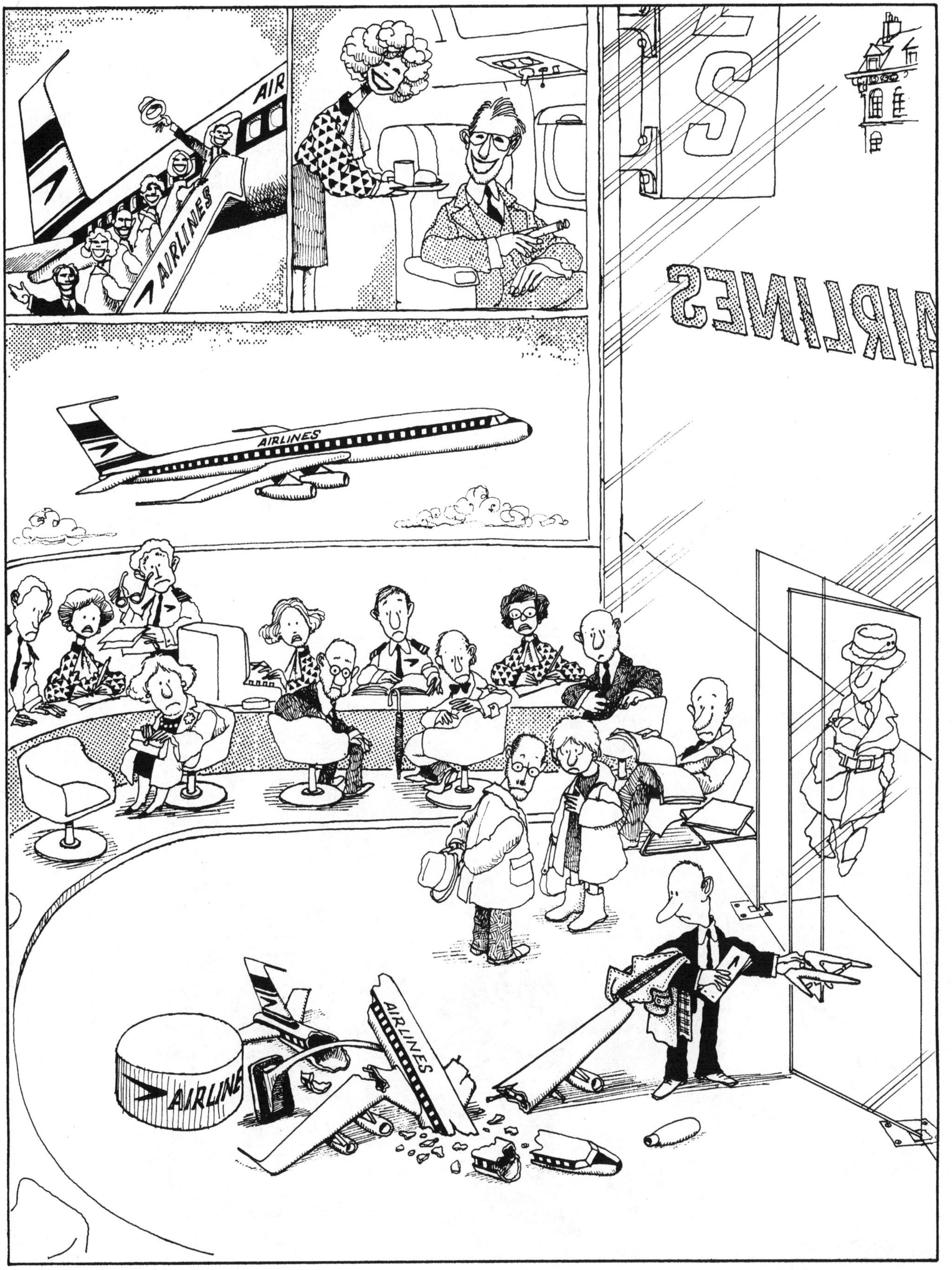
AIR
AIRLINES
AIRLINES
AIRLINES
AIRLINE

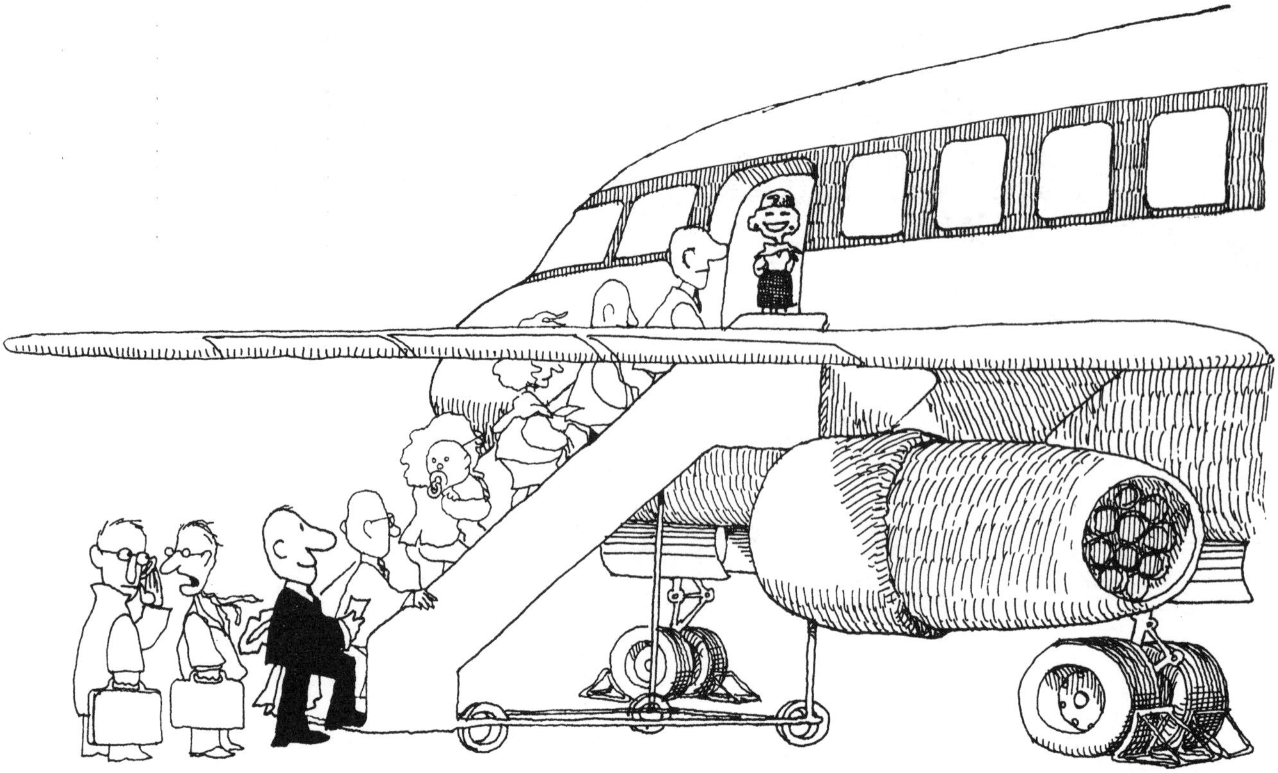

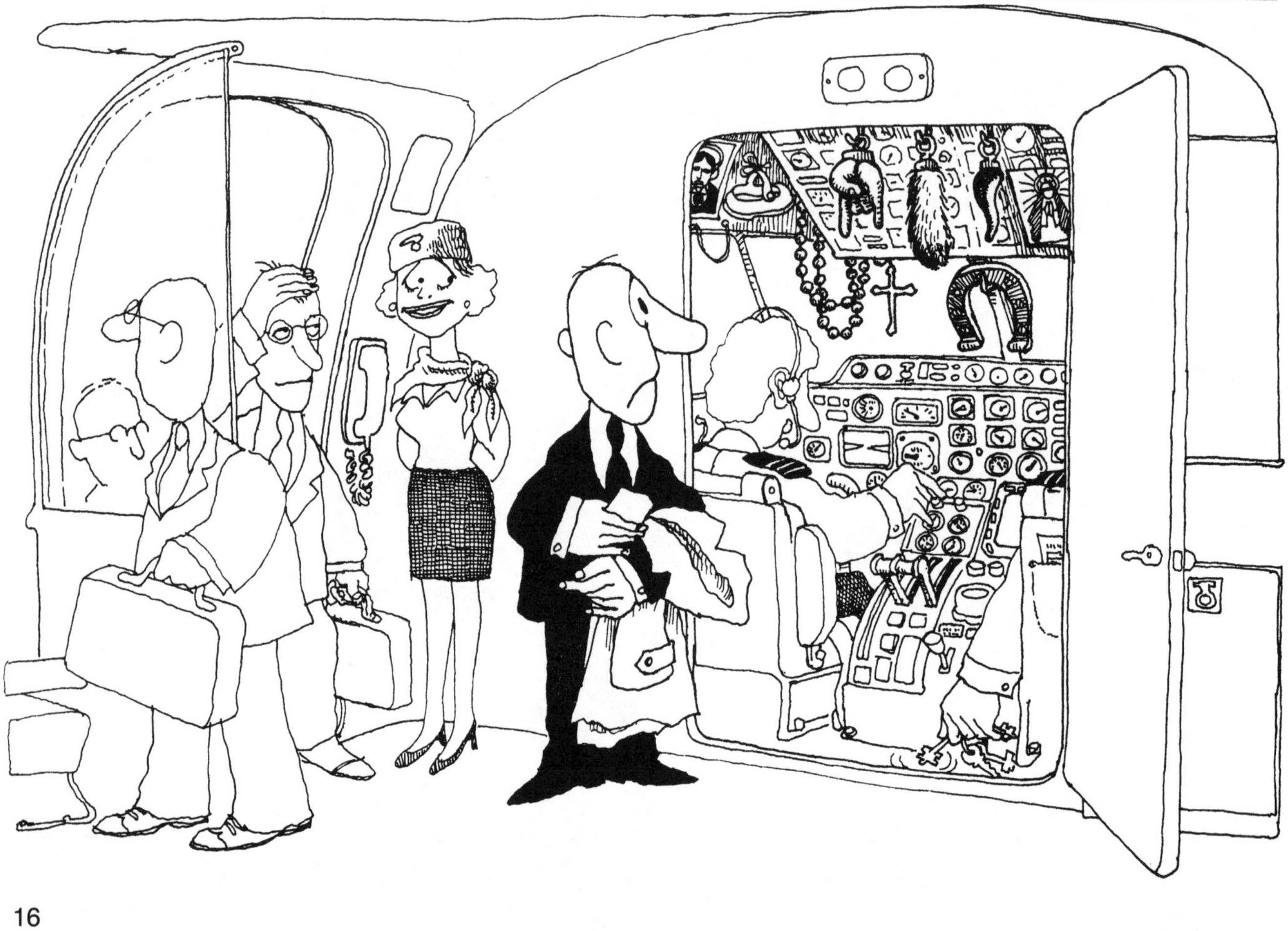

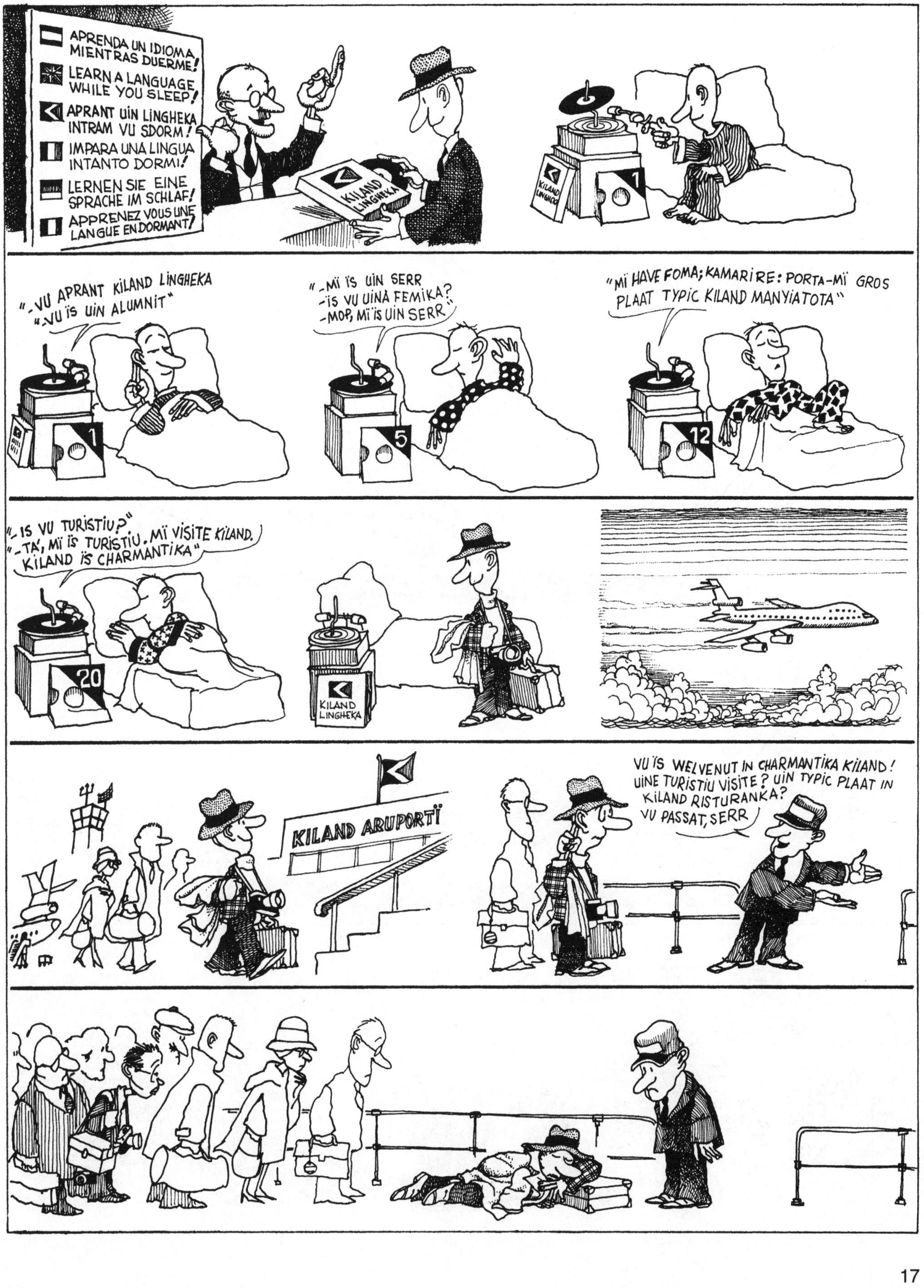
APRENDA UN IDIOMA MIENTRAS DUERME!
LEARN A LANGUAGE WHILE YOU SLEEP!
APRANT UIN LINGHEKA INTRAM VU SDORM!
IMPARA UNA LINGUA INTANTO DORMI!
LERNEN SIE EINE SPRACHE IM SCHLAF!
APPRENEZ VOUS UNE LANGUE EN DORMANT!
KILAND LINGHEKA
1
"-VU APRANT KILAND LINGHEKA
"-VU ÏS UIN ALUMNIT"
1
"-MÏ ÏS UIN SERR
-ÏS VU UINA FEMIKA?
-MOP, MÏ ÏS UIN SERR"
5
"MÏ HAVE FOMA; KAMARIRE: PORTA-MÏ GROS PLAAT TYPIC KILAND MANYIATOTA"
12
"-ÏS VU TURISTIU?"
"-TÁ, MÏ ÏS TURISTIU. MÏ VISITE KILAND. KILAND ÏS CHARMANTIKA"
20
KILAND LINGHEKA
KILAND ARUPORTÏ
VU ÏS WELVENUT IN CHARMANTIKA KILAND! UINE TURISTIU VISITE? UIN TYPIC PLAAT IN KILAND RISTURANKA? VU PASSAT, SERR

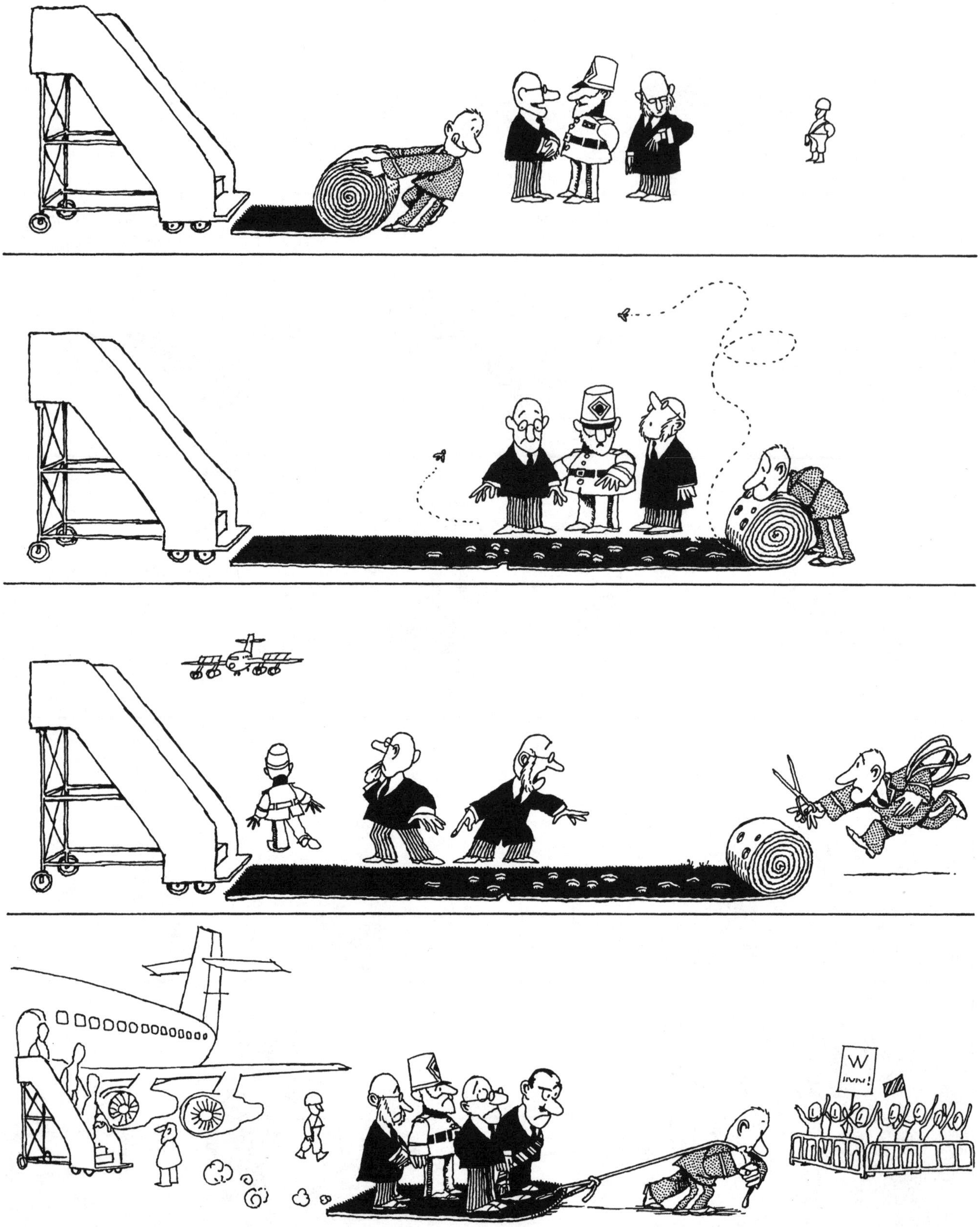

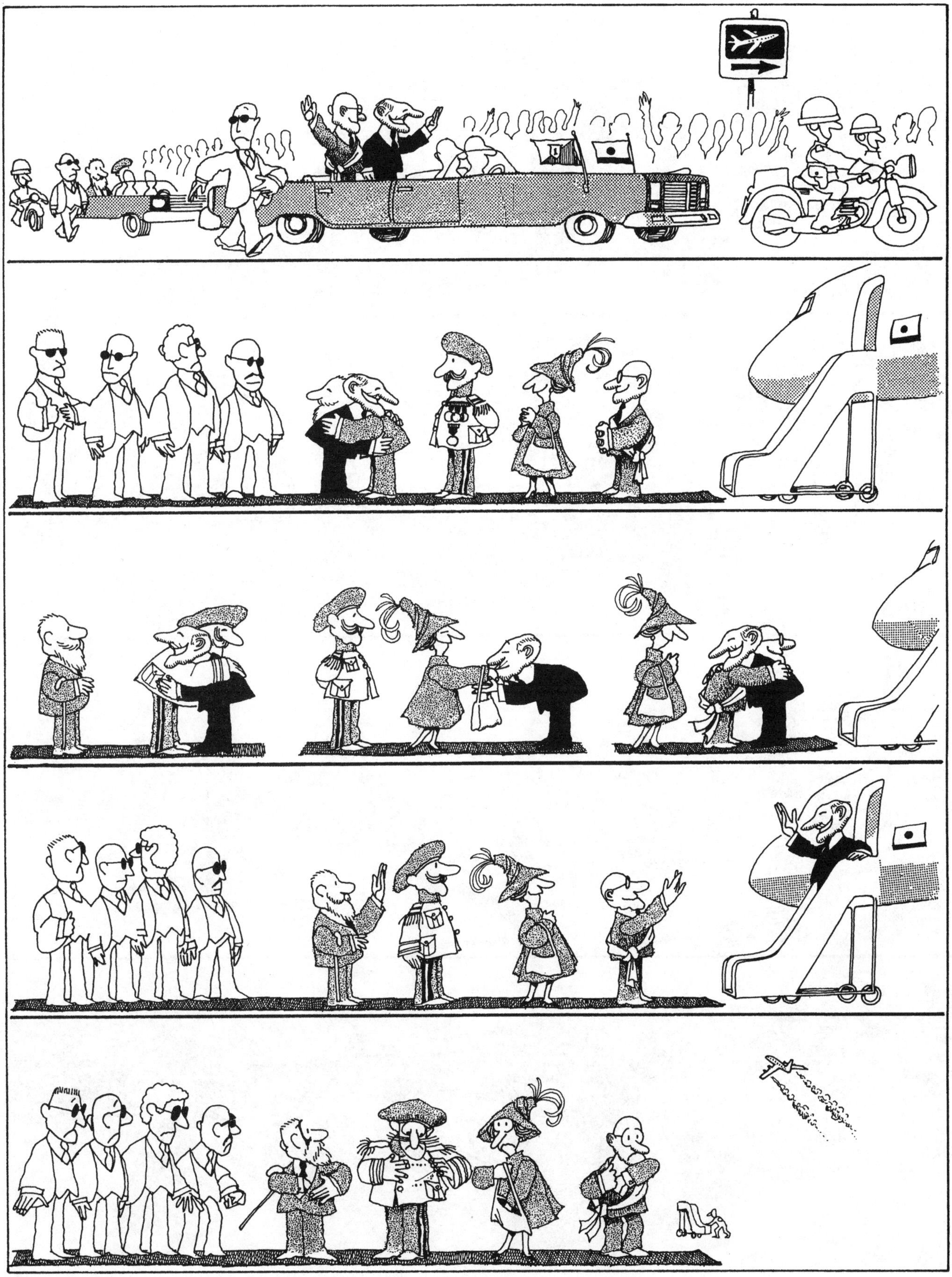

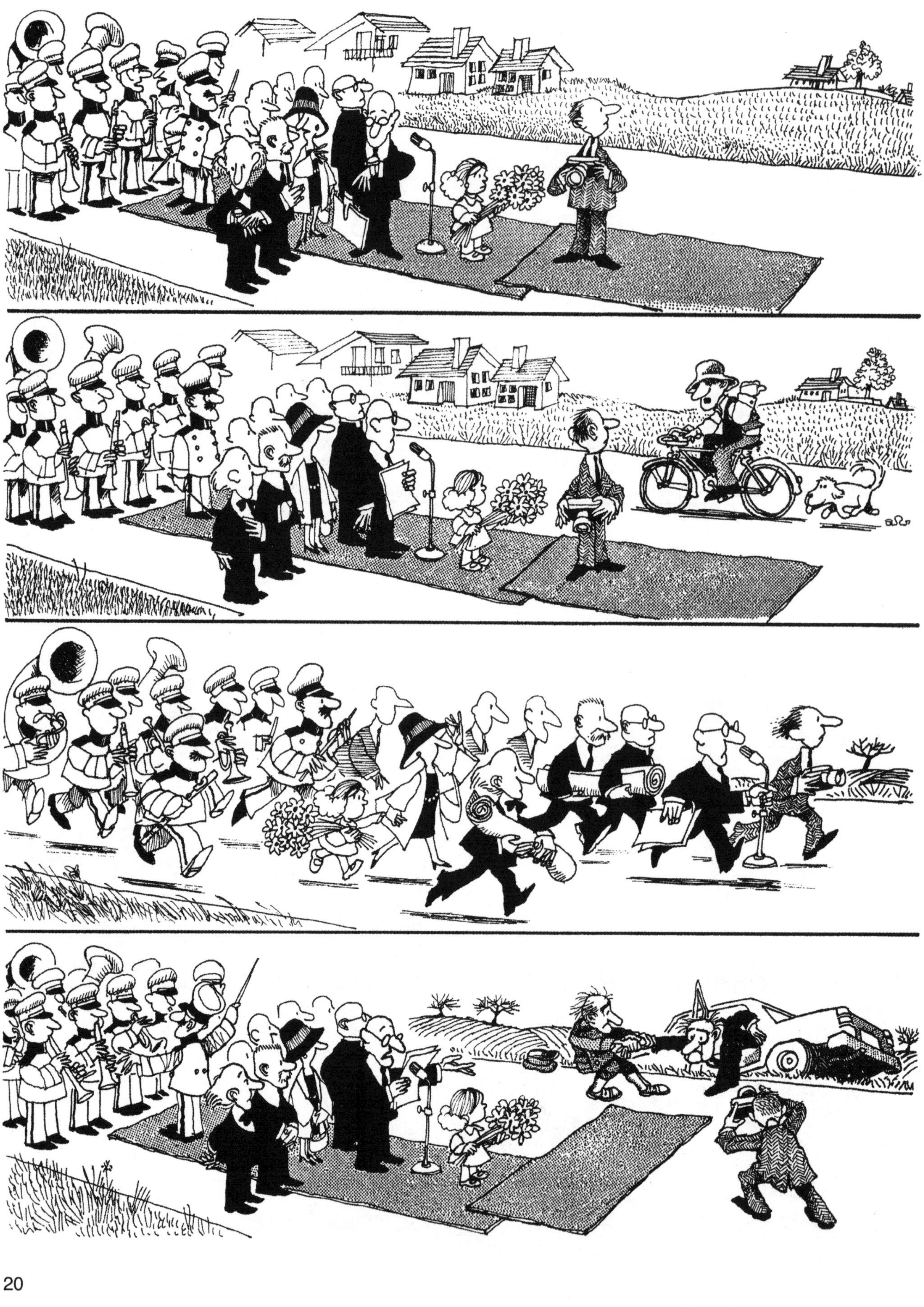

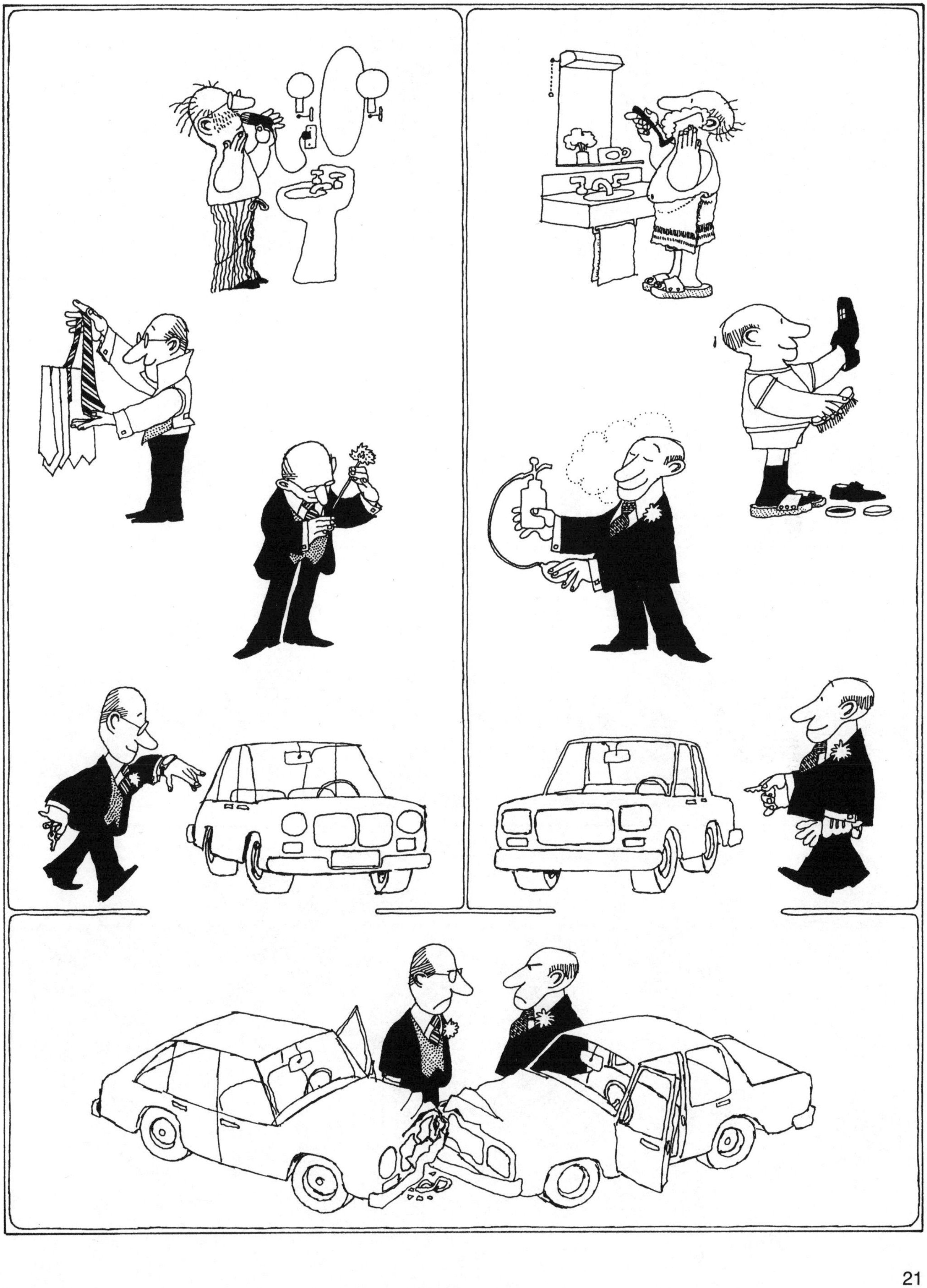

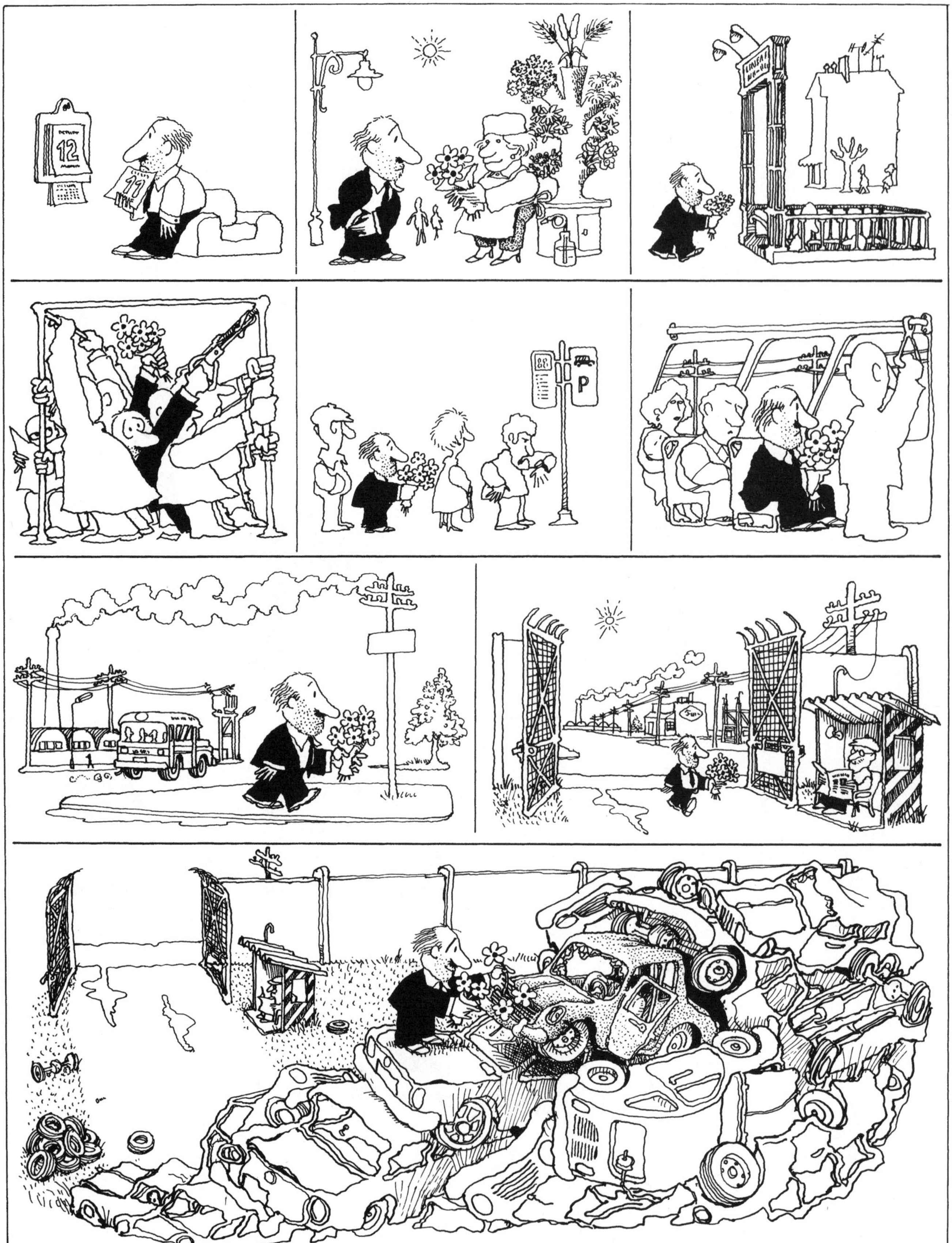
12
P

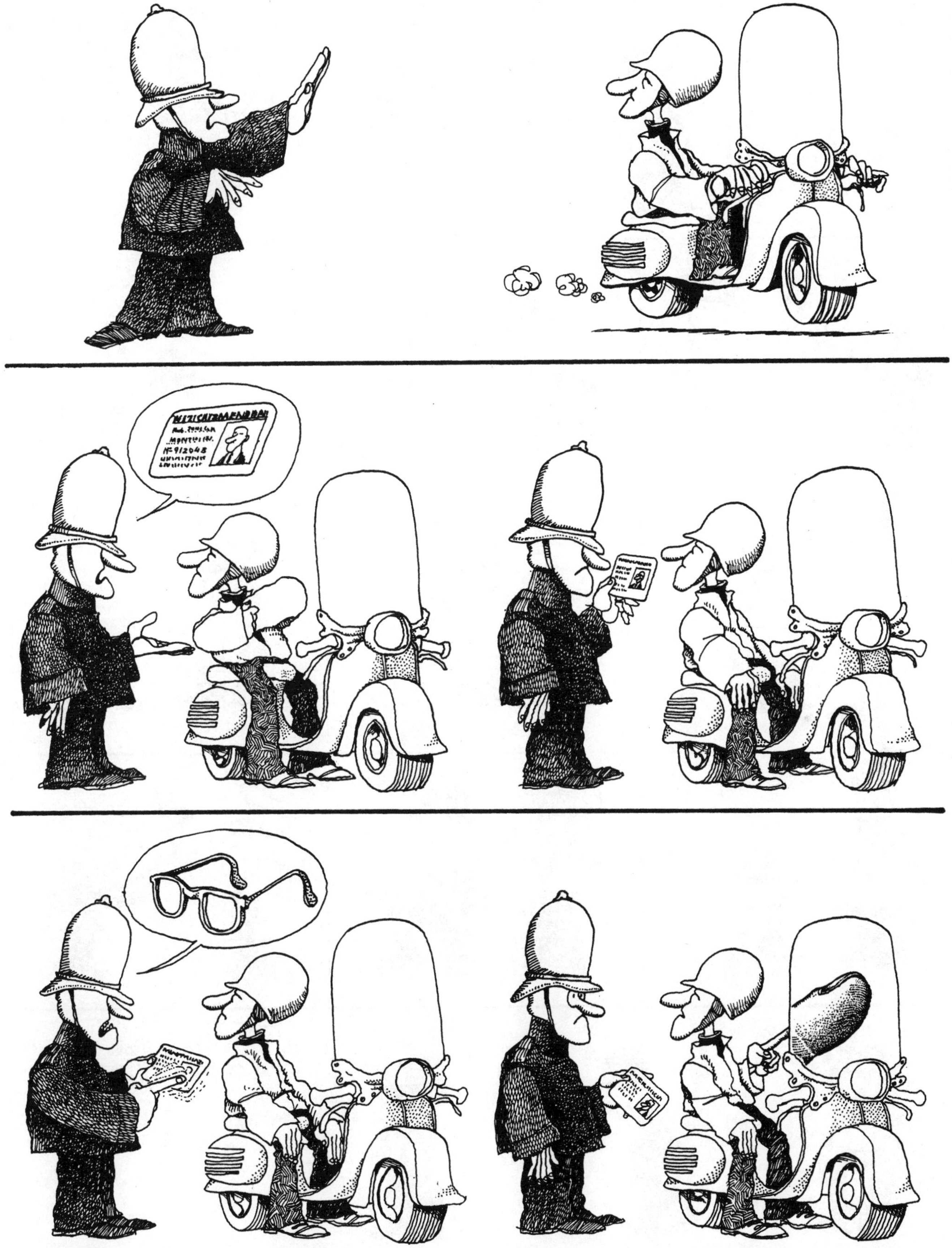

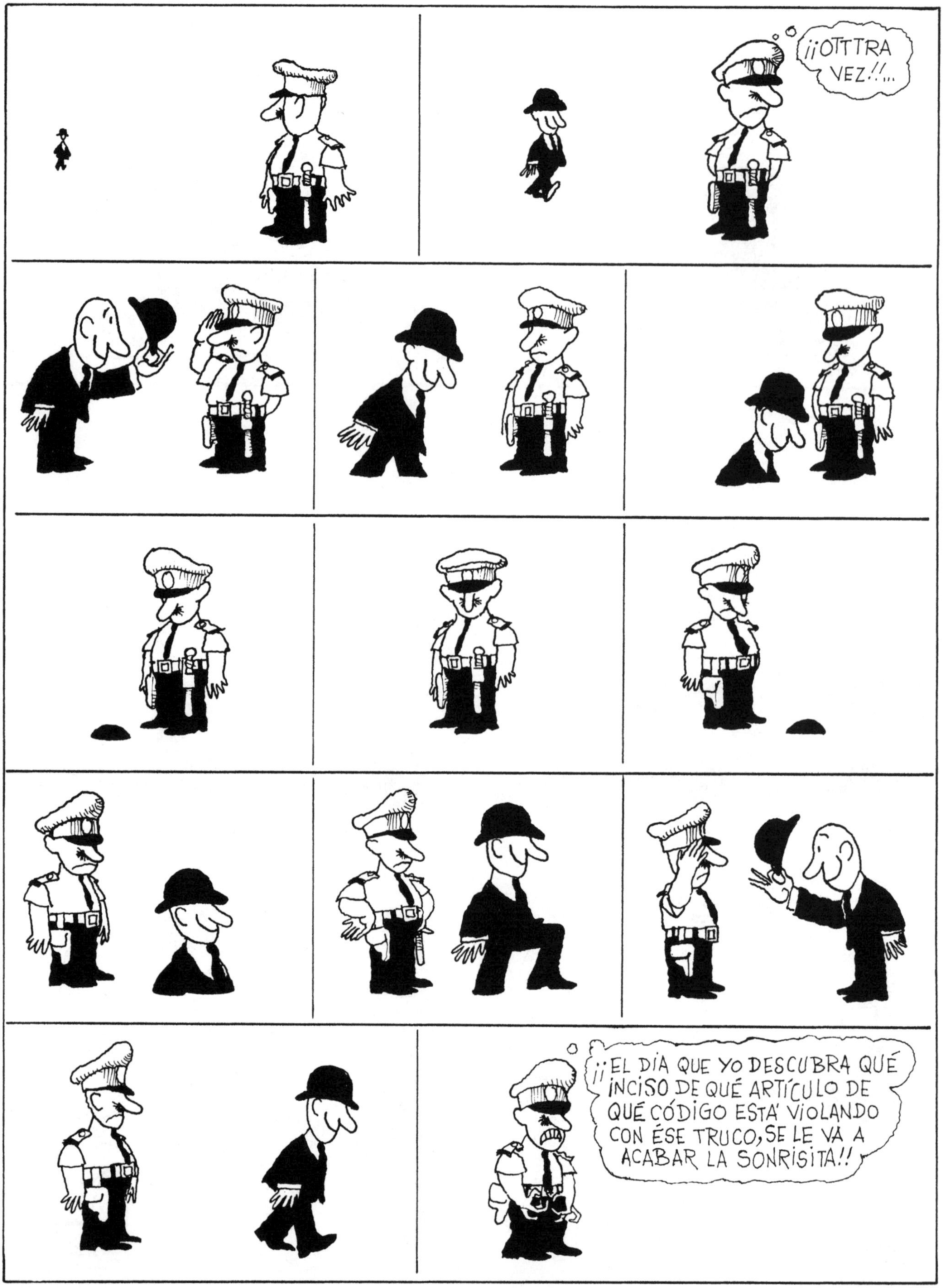
¡¡OTTTRA VEZ!!...
¡¡EL DÍA QUE YO DESCUBRA QUÉ INCISO DE QUÉ ARTÍCULO DE QUÉ CÓDIGO ESTÁ VIOLANDO CON ÉSE TRUCO, SE LE VA A ACABAR LA SONRISITA!!

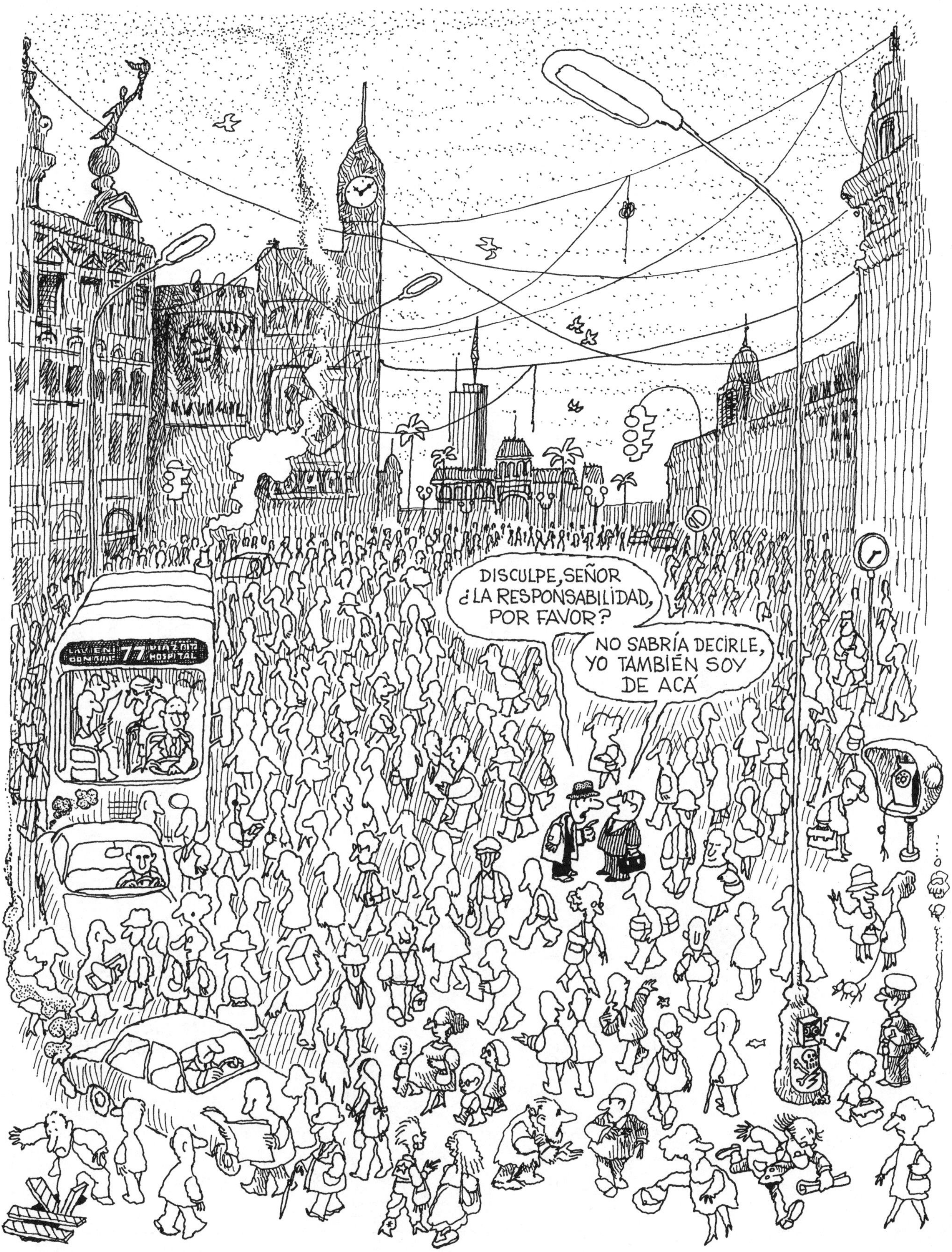
77
HOSPITAL
DISCULPE, SEÑOR ¿LA RESPONSABILIDAD, POR FAVOR?
NO SABRÍA DECIRLE, YO TAMBIÉN SOY DE ACÁ

¿SÍ?..

BUENOS DÍAS, SR, *EL LUGAR JUSTO*, POR FAVOR?

ES EXACTAMENTE AQUÍ. ¿QUÉ DESEA?

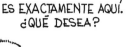

HABLAR CON *LA PERSONA INDICADA*

¿ES POR ALGÚN TRÁMITE *DETERMINADO*?

¡SÍ, ÉSTE!..

¡AH, PERO EL SUYO ES UN TRÁMITE *CORRECTO*!

¡MEJOR, NO?

NO, PORQUE AQUÍ EN *EL LUGAR JUSTO* *LA PERSONA INDICADA* ATIENDE SOLAMENTE TRÁMITES *DETERMINADOS*

PARA TRÁMITES *CORRECTOS* USTED DEBE DIRIGIRSE AL *LUGAR INDICADO* Y HABLAR ALLÍ CON *LA PERSONA JUSTA*

O SEA: ¡TODO AL REVÉS!

¿CÓMO *AL REVÉS*? ¡SE TRATA DE UN TRÁMITE *CORRECTO*! PARA USTED LO *CORRECTO* ESTÁ AL REVÉS?

TIENE RAZÓN, DISCULPE

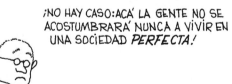

¡NO HAY CASO: ACÁ LA GENTE NO SE ACOSTUMBRARÁ NUNCA A VIVIR EN UNA SOCIEDAD *PERFECTA*!

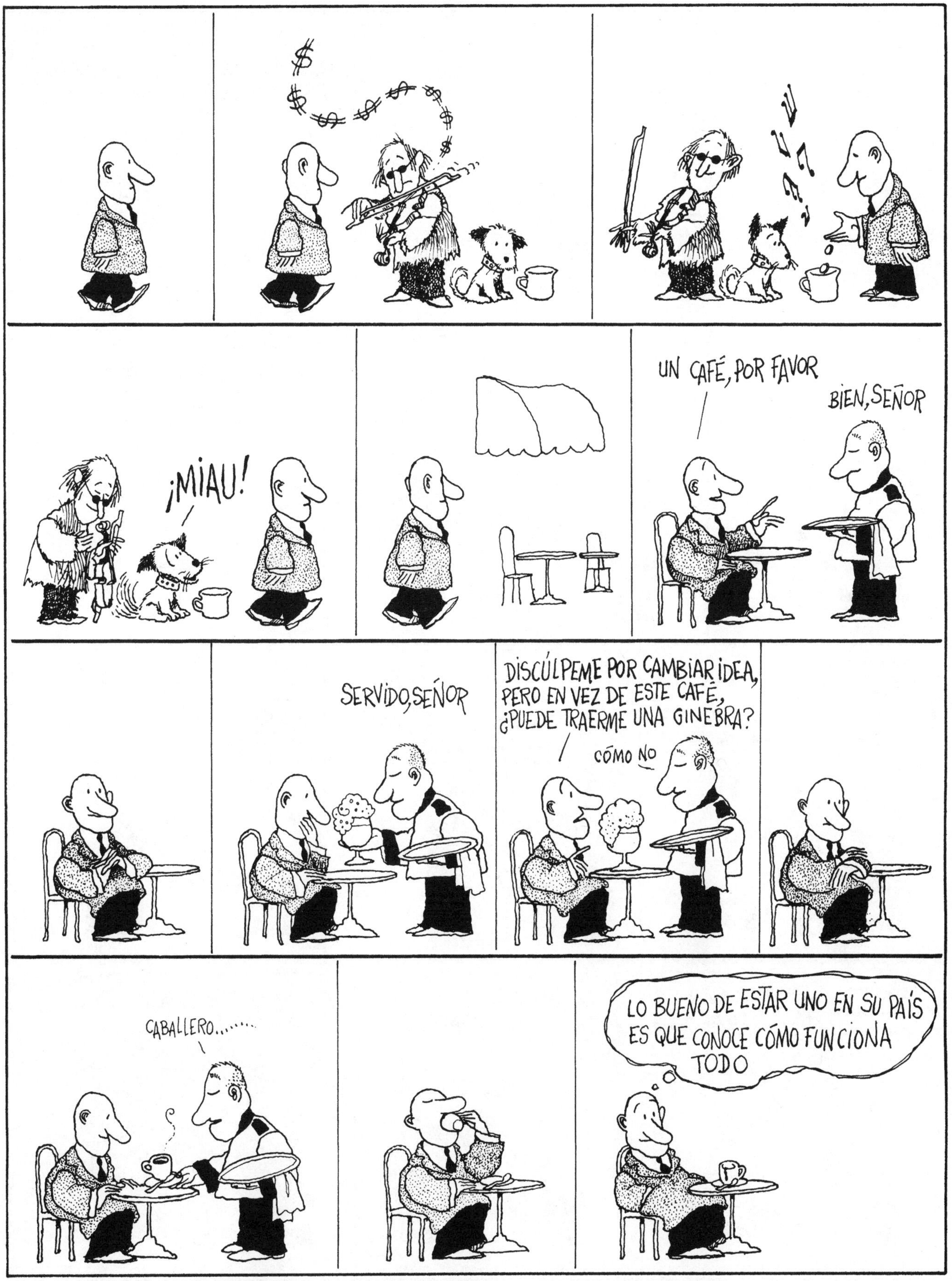
¡MIAU!
UN CAFÉ, POR FAVOR
BIEN, SEÑOR
SERVIDO, SEÑOR
DISCÚLPEME POR CAMBIAR IDEA, PERO EN VEZ DE ESTE CAFÉ, ¿PUEDE TRAERME UNA GINEBRA?
CÓMO NO
CABALLERO.......
LO BUENO DE ESTAR UNO EN SU PAÍS ES QUE CONOCE CÓMO FUNCIONA TODO

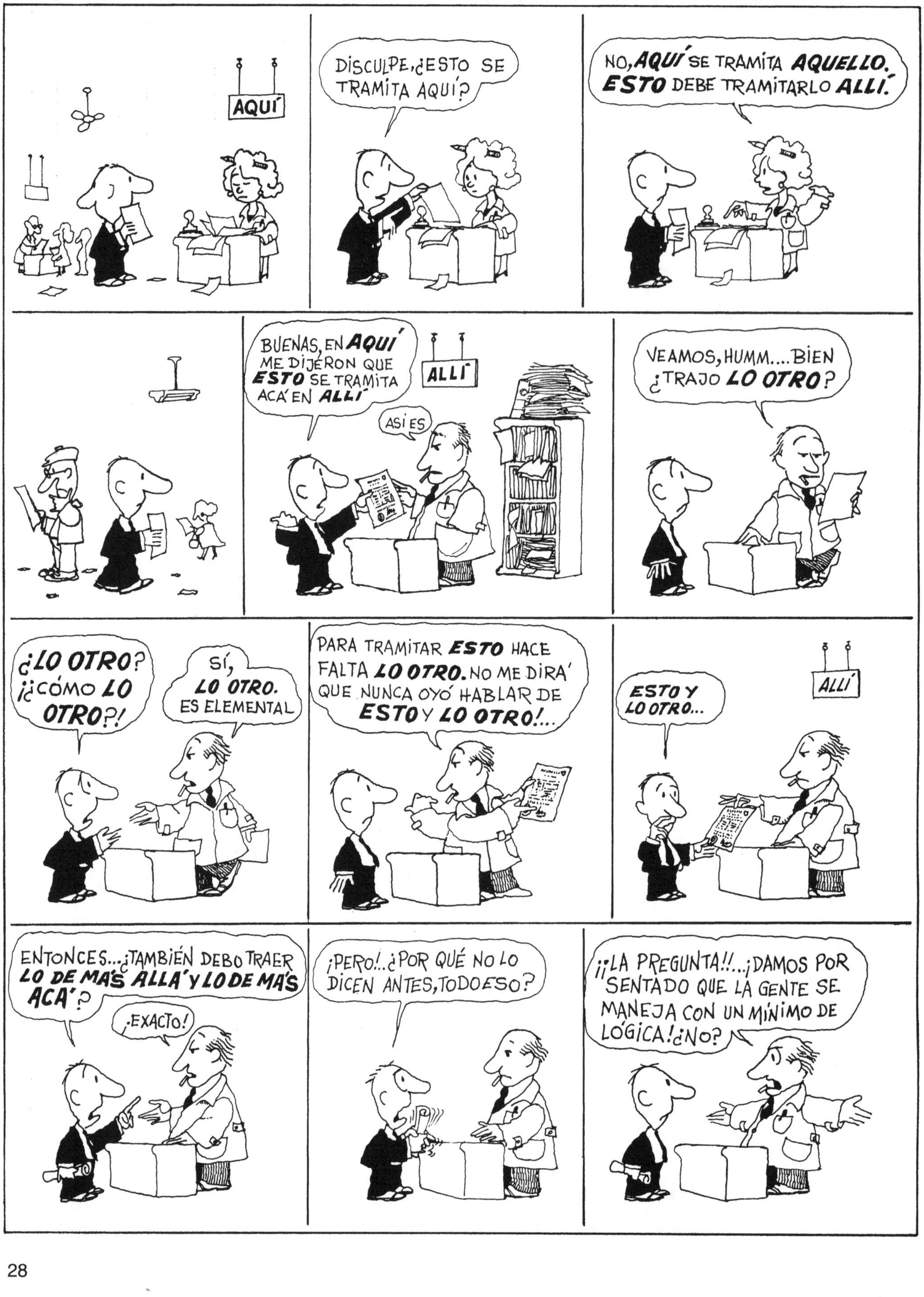
AQUÍ
DISCULPE, ¿ESTO SE TRAMITA AQUÍ?
NO, AQUÍ SE TRAMITA AQUELLO. ESTO DEBE TRAMITARLO ALLÍ.
BUENAS, EN AQUÍ ME DIJERON QUE ESTO SE TRAMITA ACÁ EN ALLÍ
ALLÍ
ASÍ ES
VEAMOS, HUMM.... BIEN ¿TRAJO LO OTRO?
¿LO OTRO? ¡¿CÓMO LO OTRO?!
SÍ, LO OTRO. ES ELEMENTAL
PARA TRAMITAR ESTO HACE FALTA LO OTRO. NO ME DIRÁ QUE NUNCA OYÓ HABLAR DE ESTO Y LO OTRO!...
ESTO Y LO OTRO...
ALLÍ
ENTONCES...¿TAMBIÉN DEBO TRAER LO DE MÁS ALLÁ Y LO DE MÁS ACÁ?
¡EXACTO!
¡PERO!..¿POR QUÉ NO LO DICEN ANTES, TODO ESO?
¡¡LA PREGUNTA!!...¡DAMOS POR SENTADO QUE LA GENTE SE MANEJA CON UN MÍNIMO DE LÓGICA! ¿NO?

¡QUÉ PAÍS!

ESTO MISMO, EN SUECIA, ¿SABEN USTEDES CÓMO ES?

¡ASÍ ES ESTO MISMO EN SUECIA! ¿Y POR QUÉ?

¡PORQUE CADA CIUDADANO SUECO, **INDIVIDUALMENTE**, HACE ALGO PARA QUE TODO SEA MEJOR!

EN CAMBIO AQUÍ: "TODOS UNIDOS VENCEREMOS"..."JUNTOS SE PUEDE"!.......¡TONTERÍAS!

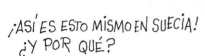   

LO CIERTO ES QUE EN ESTE PAÍS NADIE HACE NADA!¡EMPEZANDO POR EL GOBIERNO!

¡AAAH!...¡SI YO FUERA·PRESIDENTE!...·

...LO PRIMERO QUE HARÍA SERÍA COMENZAR YO, YO MISMO, COMO CIUDADANO—PRESIDENTE.....

....A TRABAJAR PARA QUE ESTO QUEDE COMO EN........

. . . ...SUECIA.

SÍ, BUENO, PERO...¿Y LA CANTIDAD DE SUICIDIOS QUE HAY EN SUECIA?

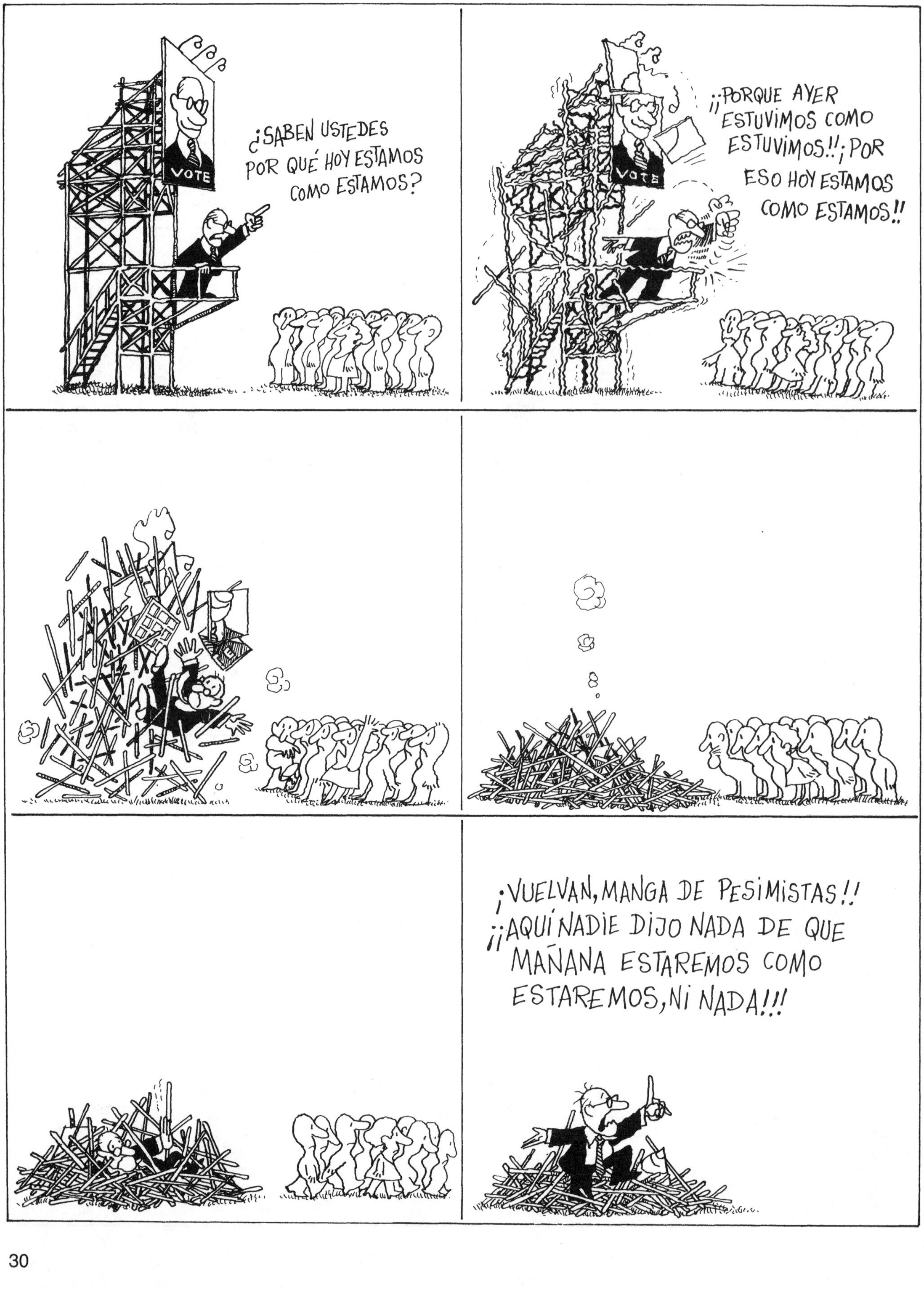

¿SABEN USTEDES POR QUÉ HOY ESTAMOS COMO ESTAMOS?
¡¡PORQUE AYER ESTUVIMOS COMO ESTUVIMOS!! ¡POR ESO HOY ESTAMOS COMO ESTAMOS!!
VOTE
¡VUELVAN, MANGA DE PESIMISTAS!!
¡¡AQUÍ NADIE DIJO NADA DE QUE MAÑANA ESTAREMOS COMO ESTAREMOS, NI NADA!!!

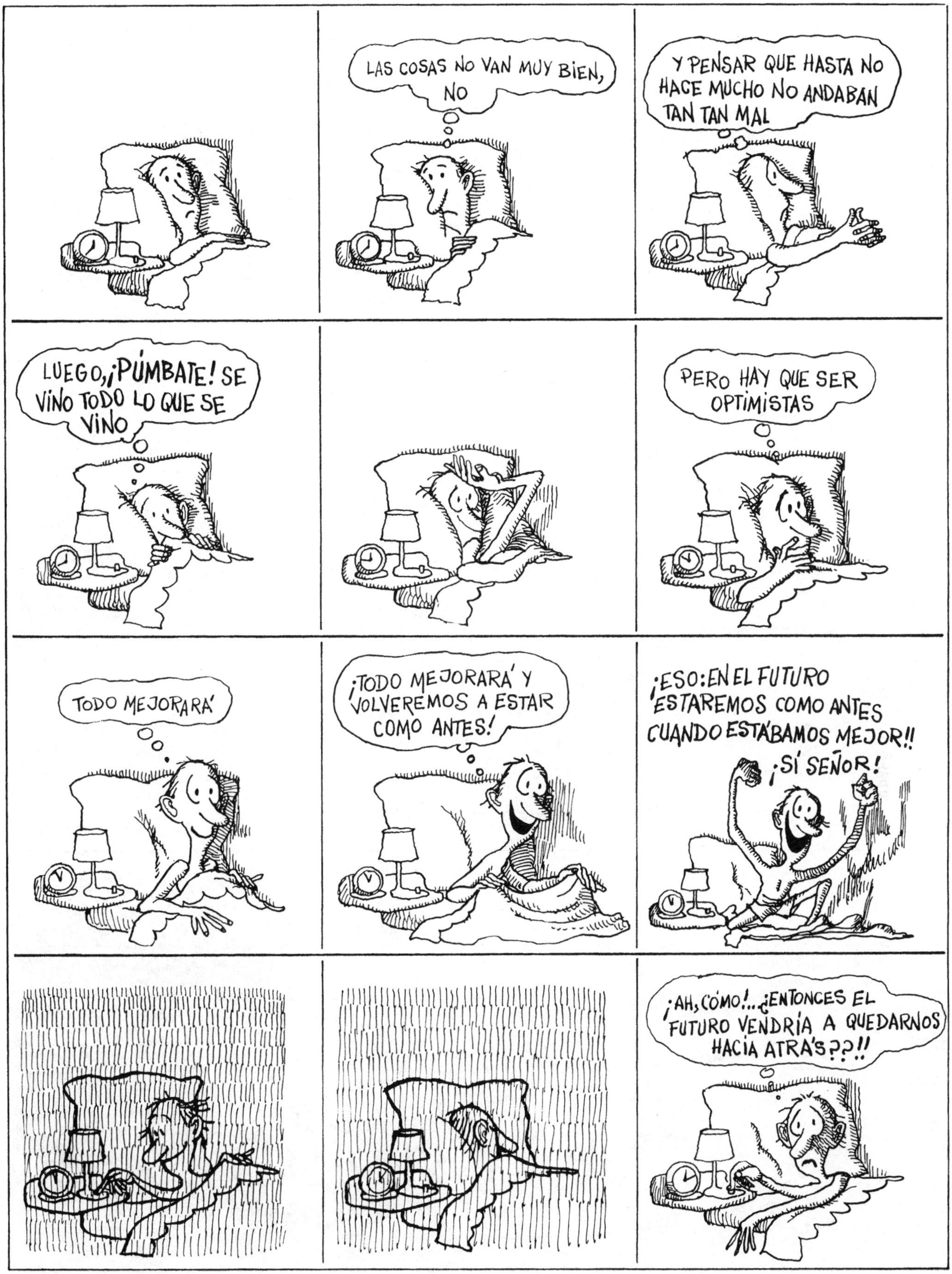
LAS COSAS NO VAN MUY BIEN, NO
Y PENSAR QUE HASTA NO HACE MUCHO NO ANDABAN TAN TAN MAL
LUEGO, ¡PÚMBATE! SE VINO TODO LO QUE SE VINO
PERO HAY QUE SER OPTIMISTAS
TODO MEJORARÁ
¡TODO MEJORARÁ Y VOLVEREMOS A ESTAR COMO ANTES!
¡ESO: EN EL FUTURO ESTAREMOS COMO ANTES CUANDO ESTÁBAMOS MEJOR!!
¡SÍ SEÑOR!
¡AH, CÓMO!... ¿ENTONCES EL FUTURO VENDRÍA A QUEDARNOS HACIA ATRÁS??!!

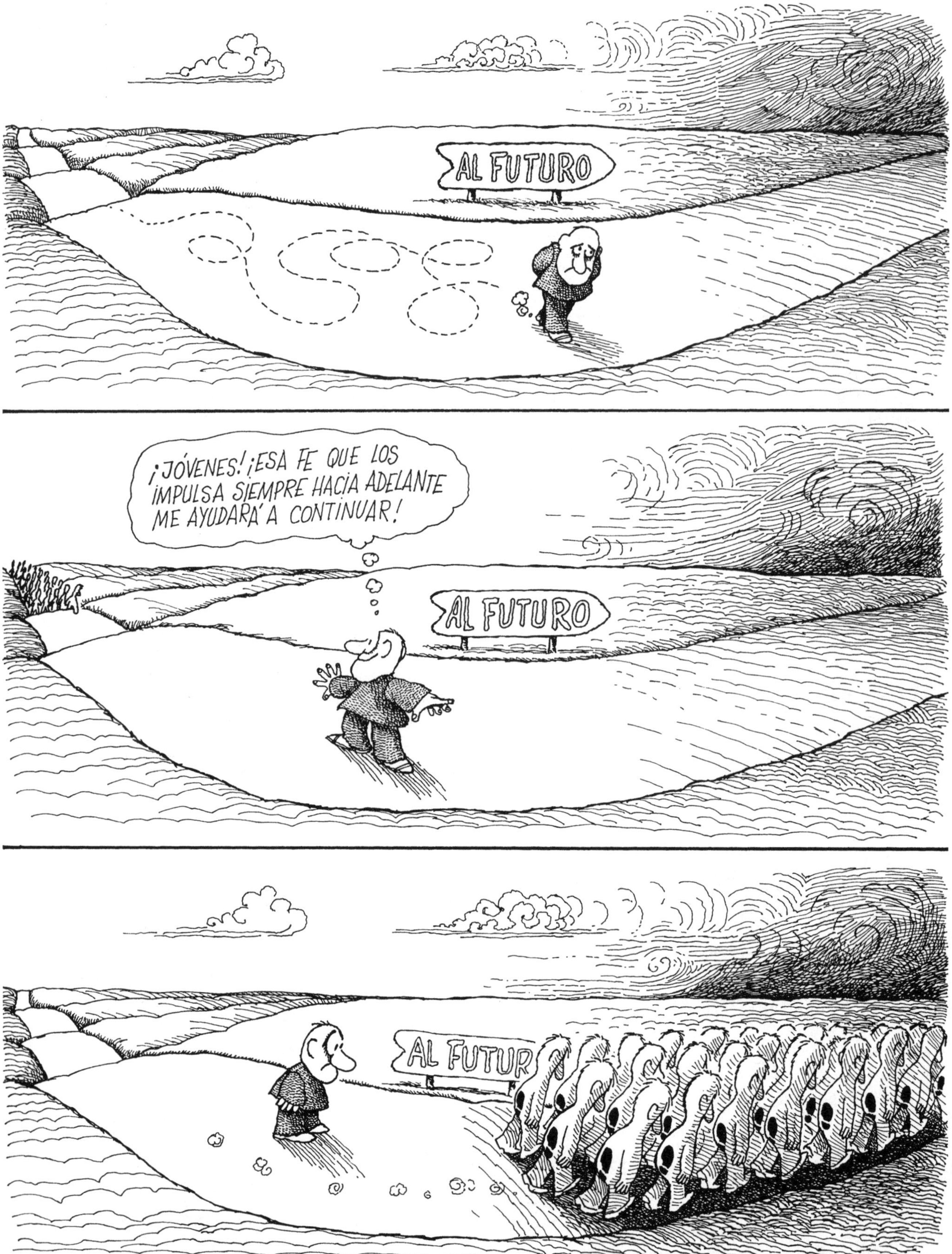
AL FUTURO
¡JÓVENES! ¡ESA FE QUE LOS IMPULSA SIEMPRE HACIA ADELANTE ME AYUDARÁ A CONTINUAR!
AL FUTURO
AL FUTUR

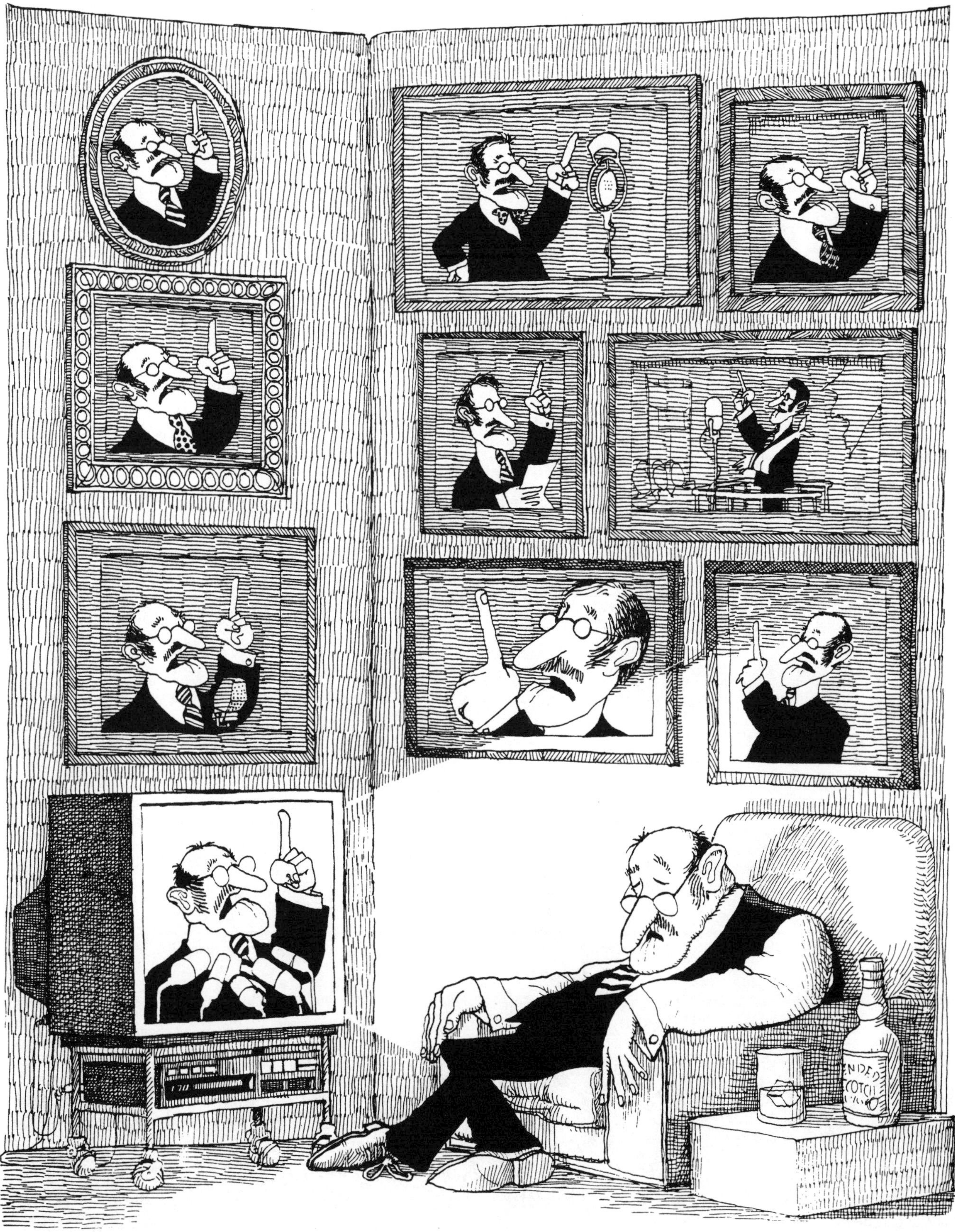

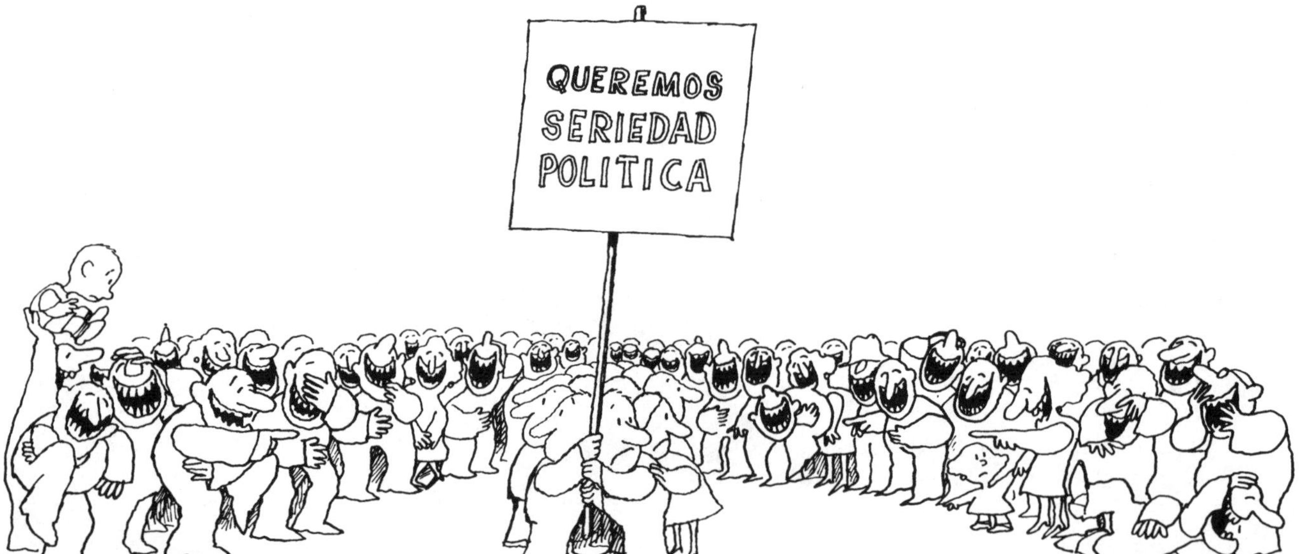
QUEREMOS
SERIEDAD
POLITICA

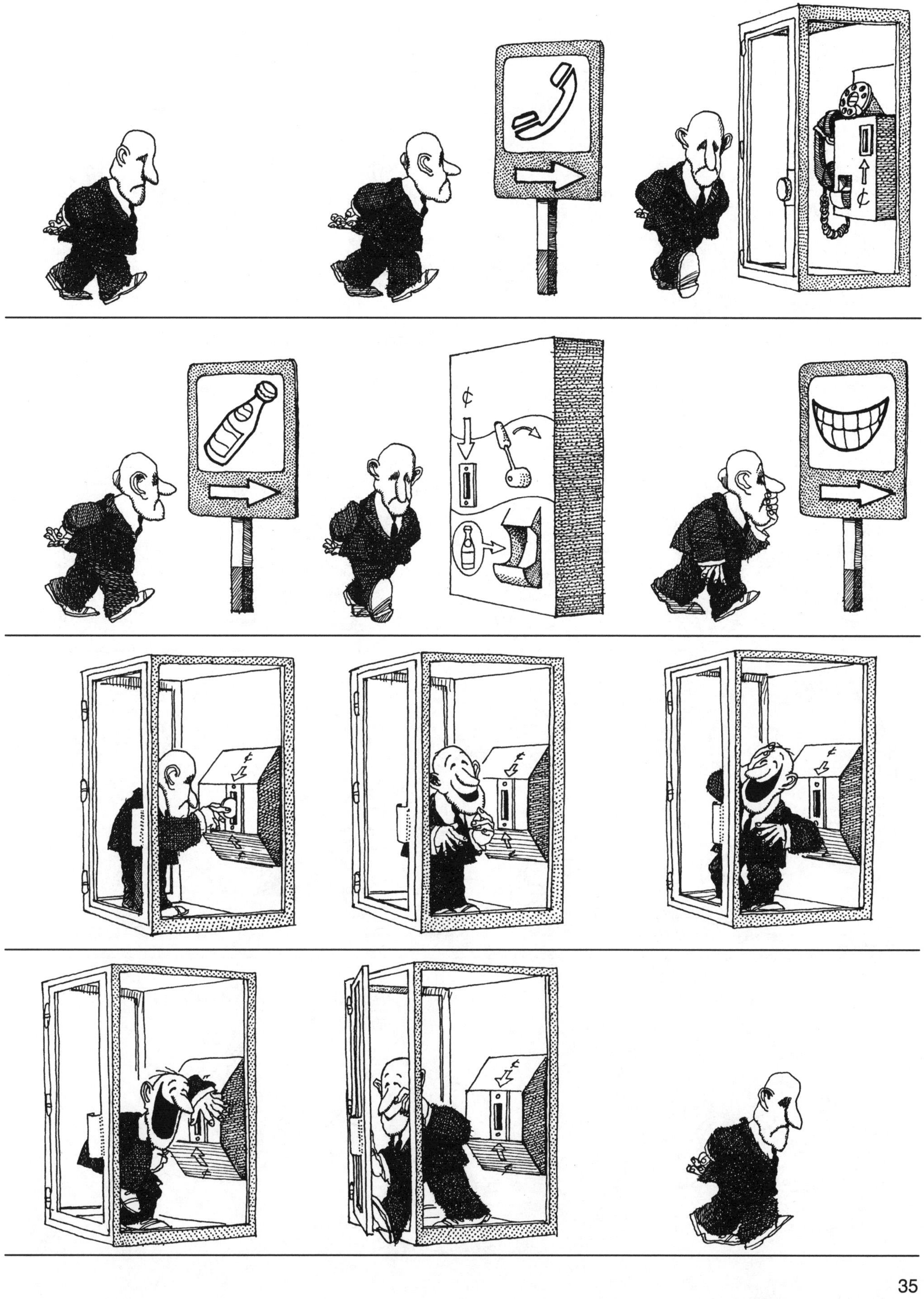

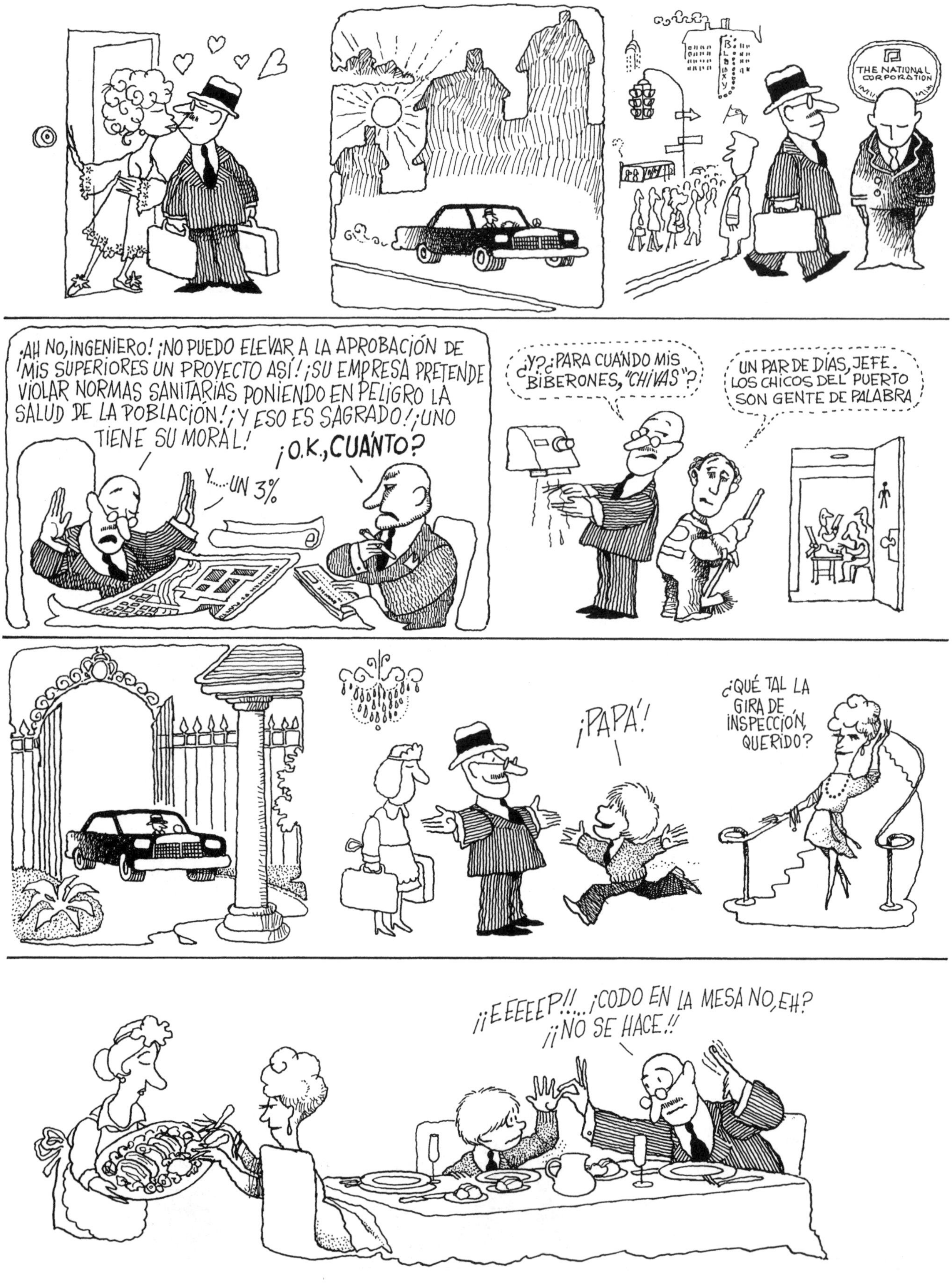
THE NATIONAL CORPORATION
¡AH NO, INGENIERO! ¡NO PUEDO ELEVAR A LA APROBACIÓN DE MIS SUPERIORES UN PROYECTO ASÍ! ¡SU EMPRESA PRETENDE VIOLAR NORMAS SANITARIAS PONIENDO EN PELIGRO LA SALUD DE LA POBLACIÓN! ¡Y ESO ES SAGRADO! ¡UNO TIENE SU MORAL!
¡O.K., CUÁNTO?
Y.....UN 3%
¿Y? ¿PARA CUÁNDO MIS BIBERONES, "CHIVAS"?
UN PAR DE DÍAS, JEFE. LOS CHICOS DEL PUERTO SON GENTE DE PALABRA
¡PAPÁ!
¿QUÉ TAL LA GIRA DE INSPECCIÓN, QUERIDO?
¡¡EEEEEP!!... ¡CODO EN LA MESA NO, EH? ¡¡NO SE HACE!!

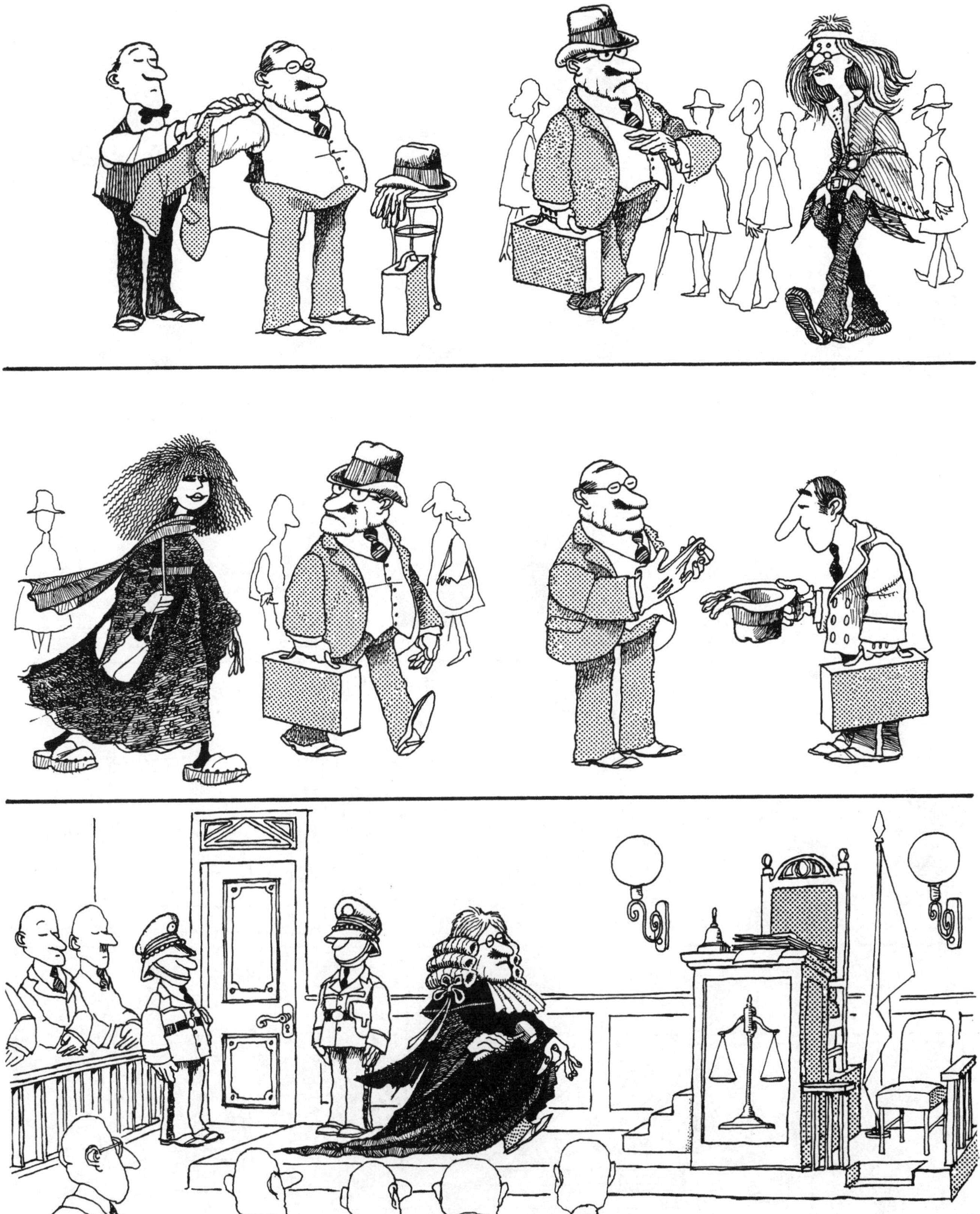

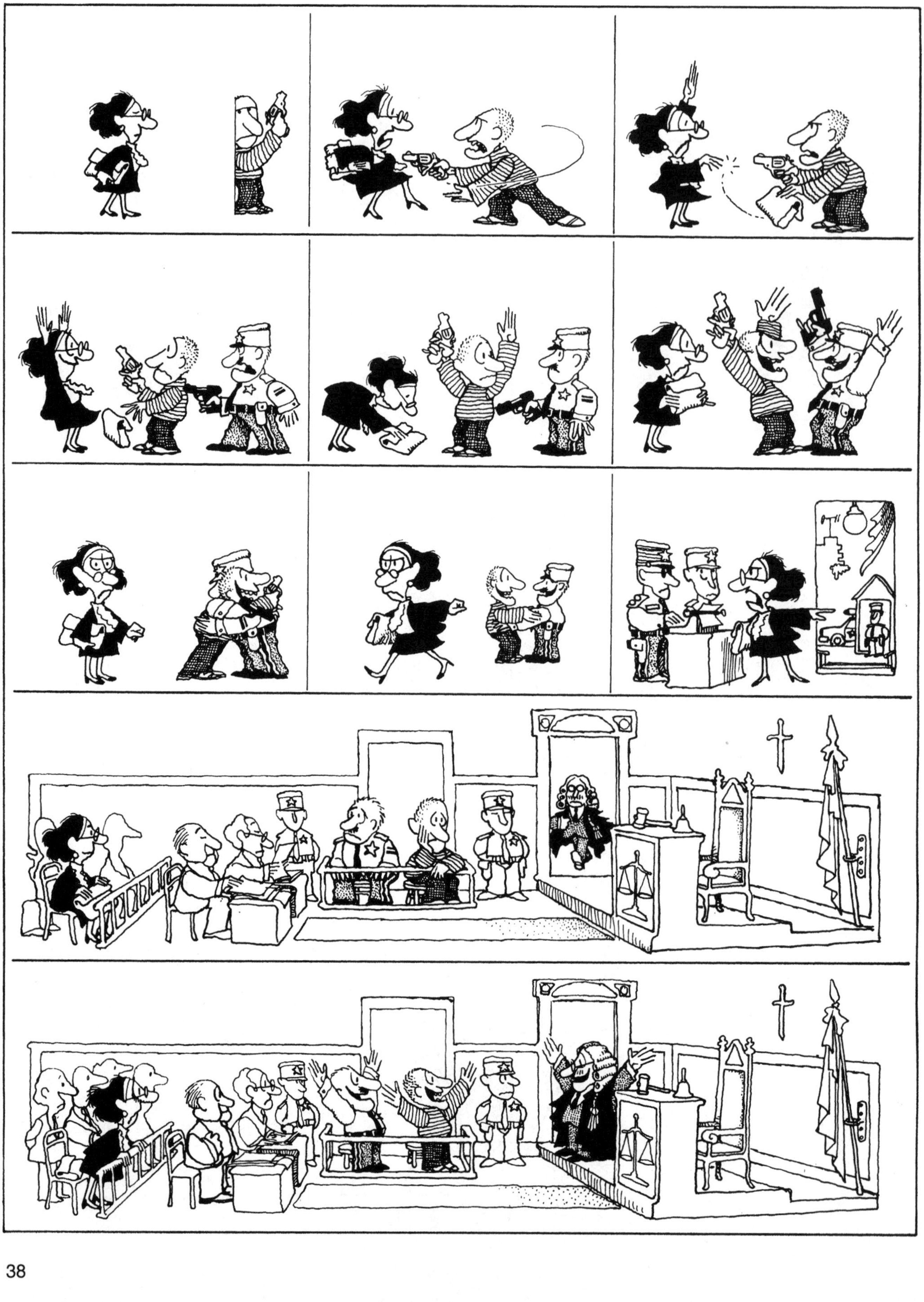

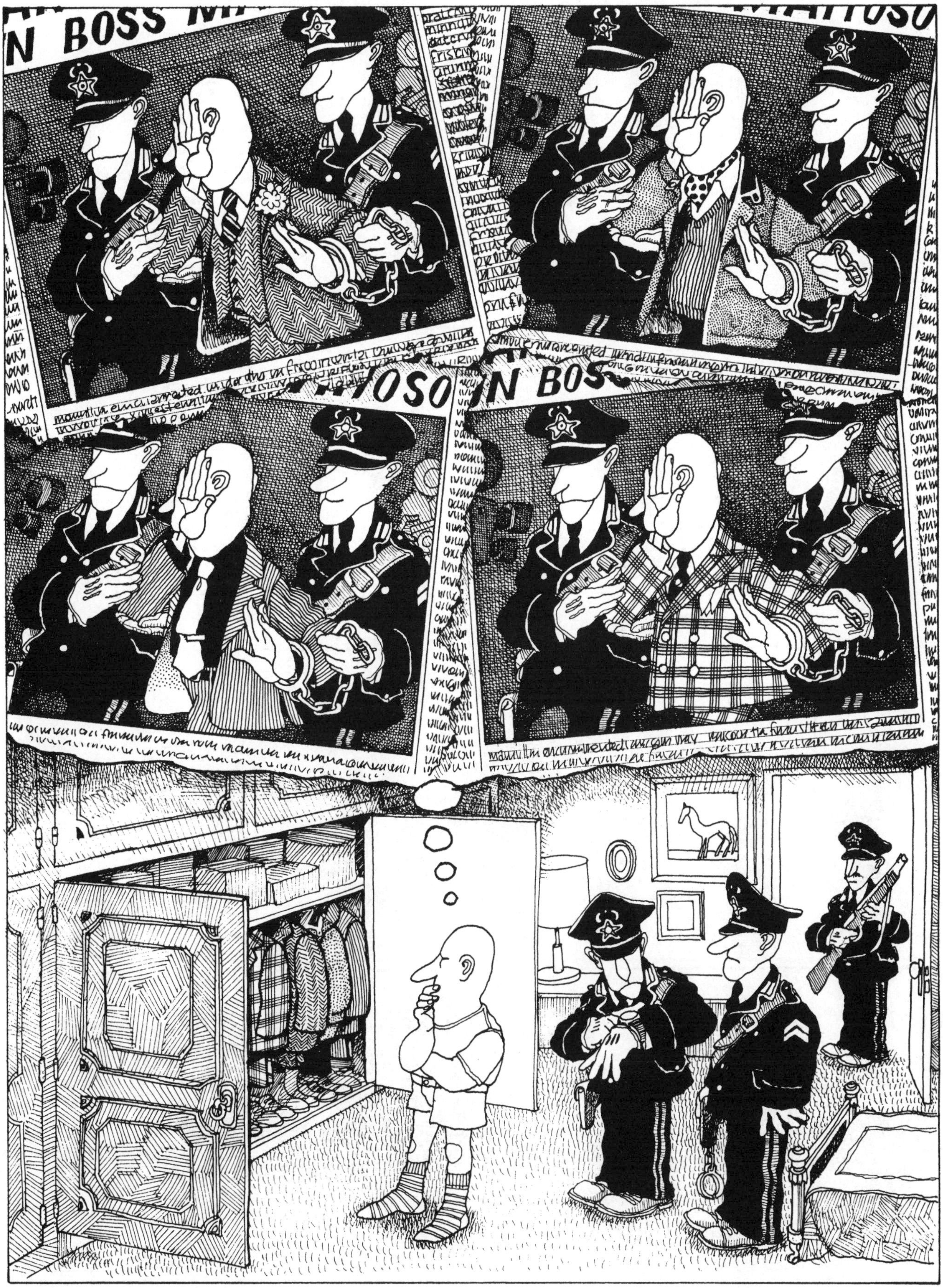
N BOSS
IOSO
N BOS

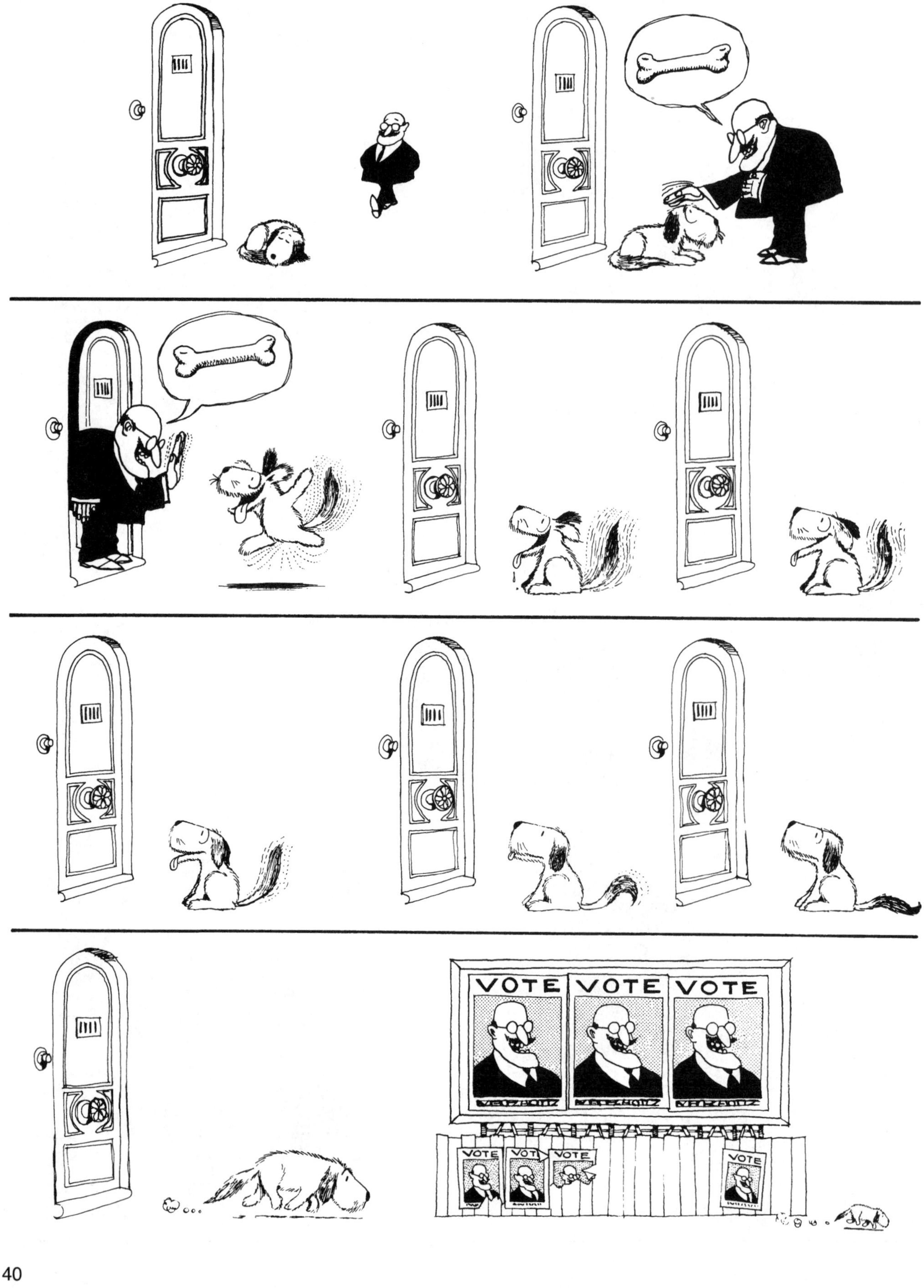
VOTE
VOTE
VOTE
VOTE
VOTE
VOTE
VOTE

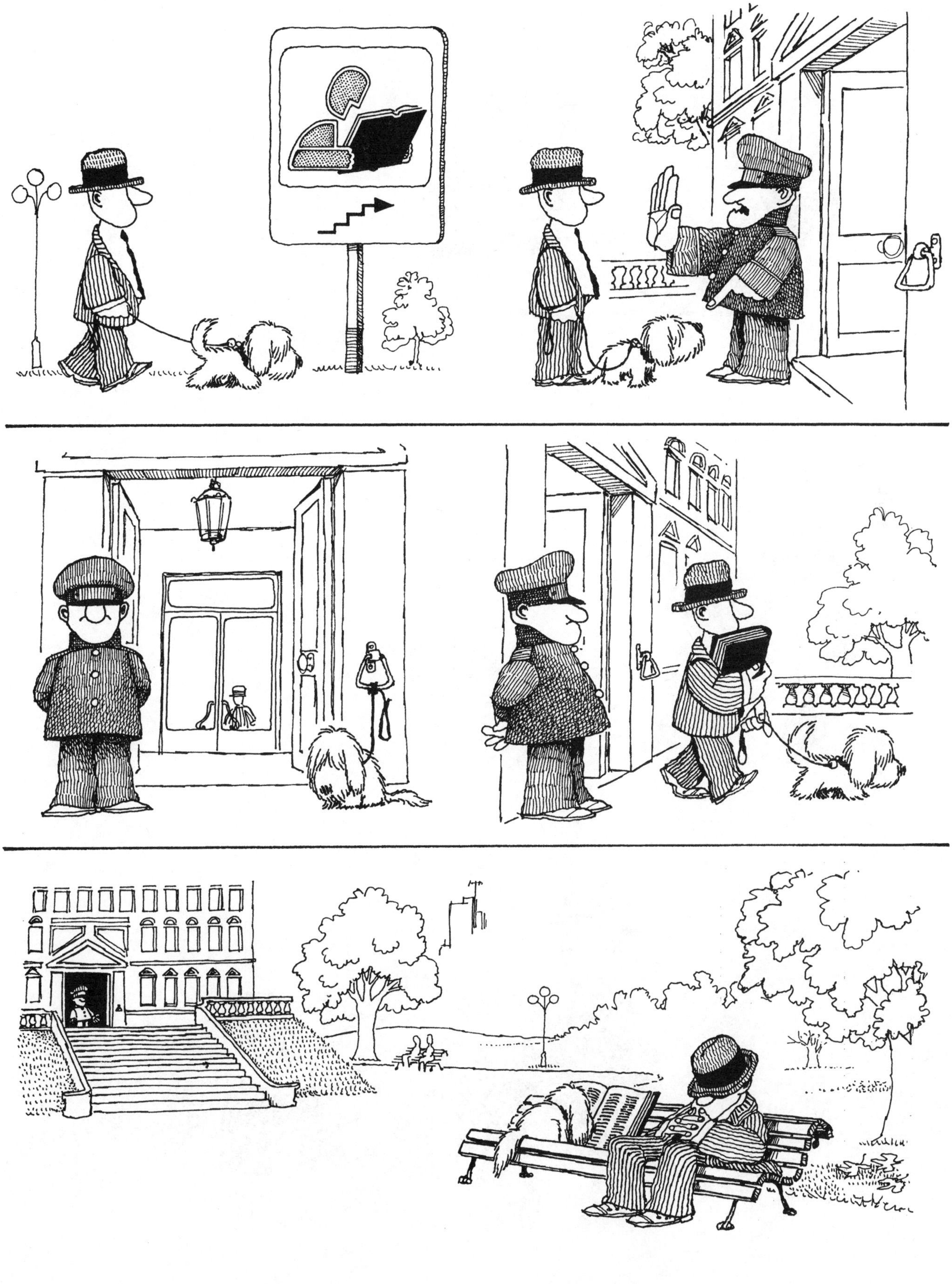

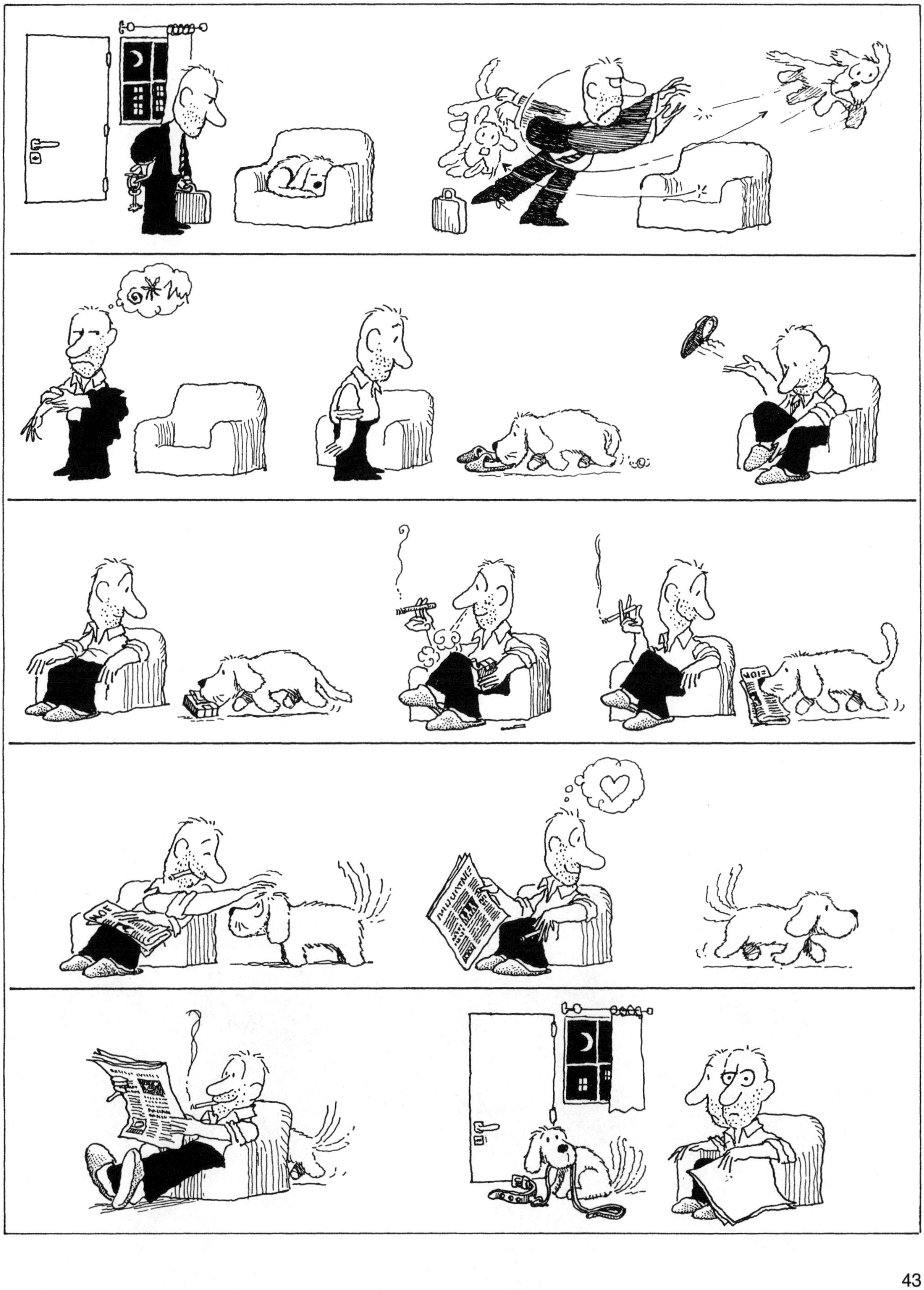

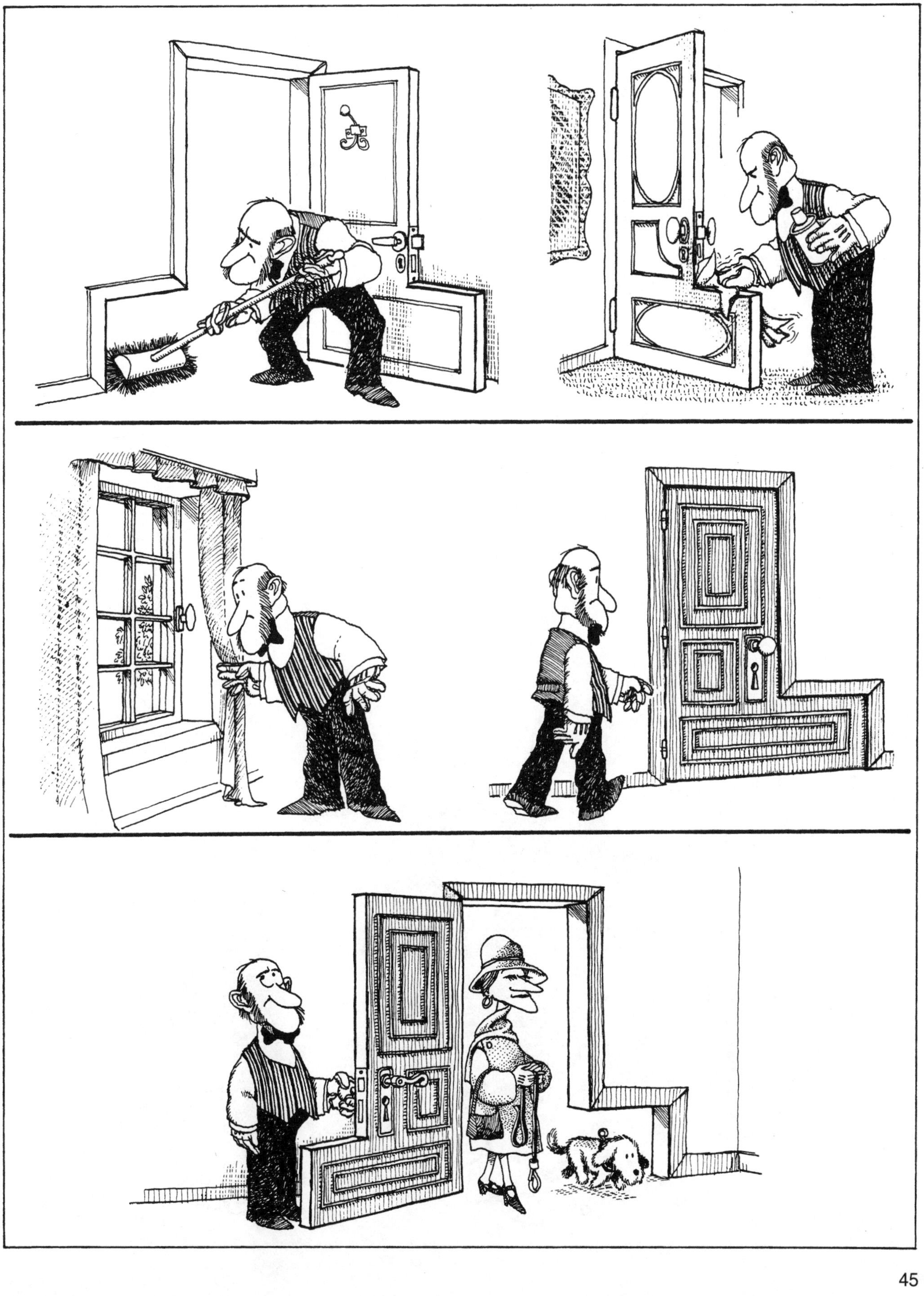

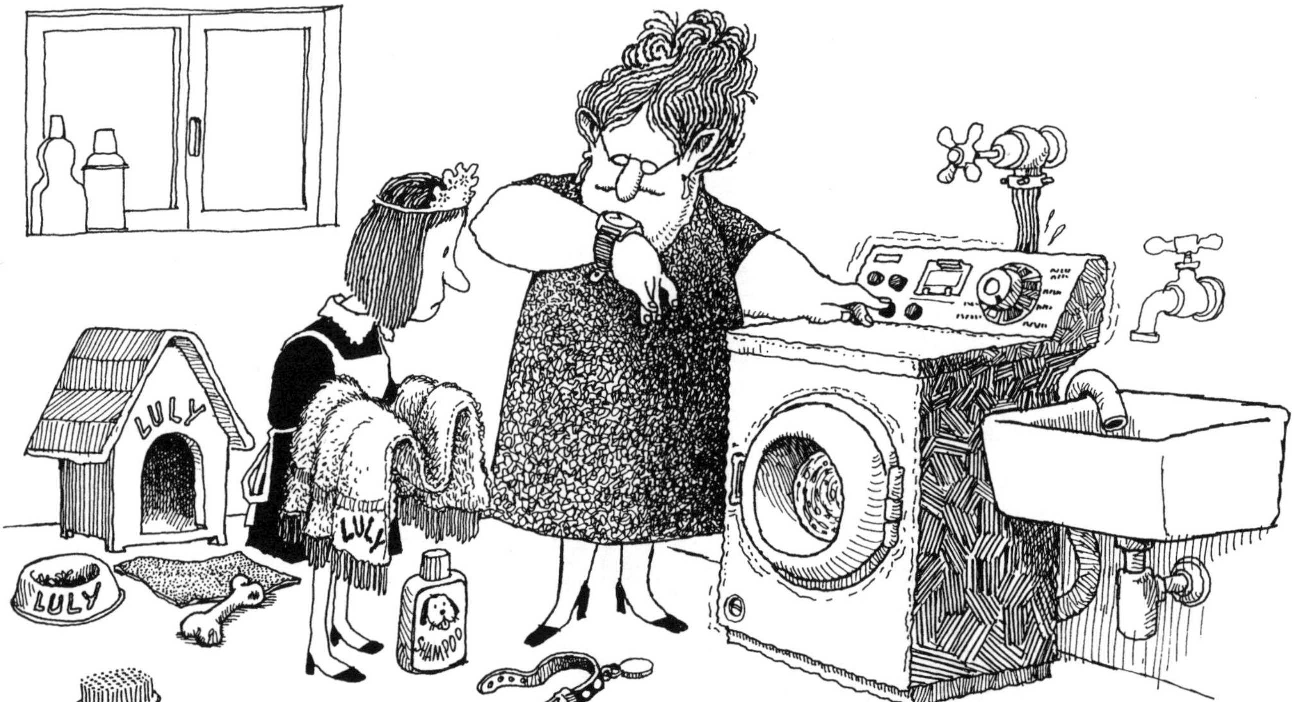
LULY
LULY
LULY
SHAMPOO

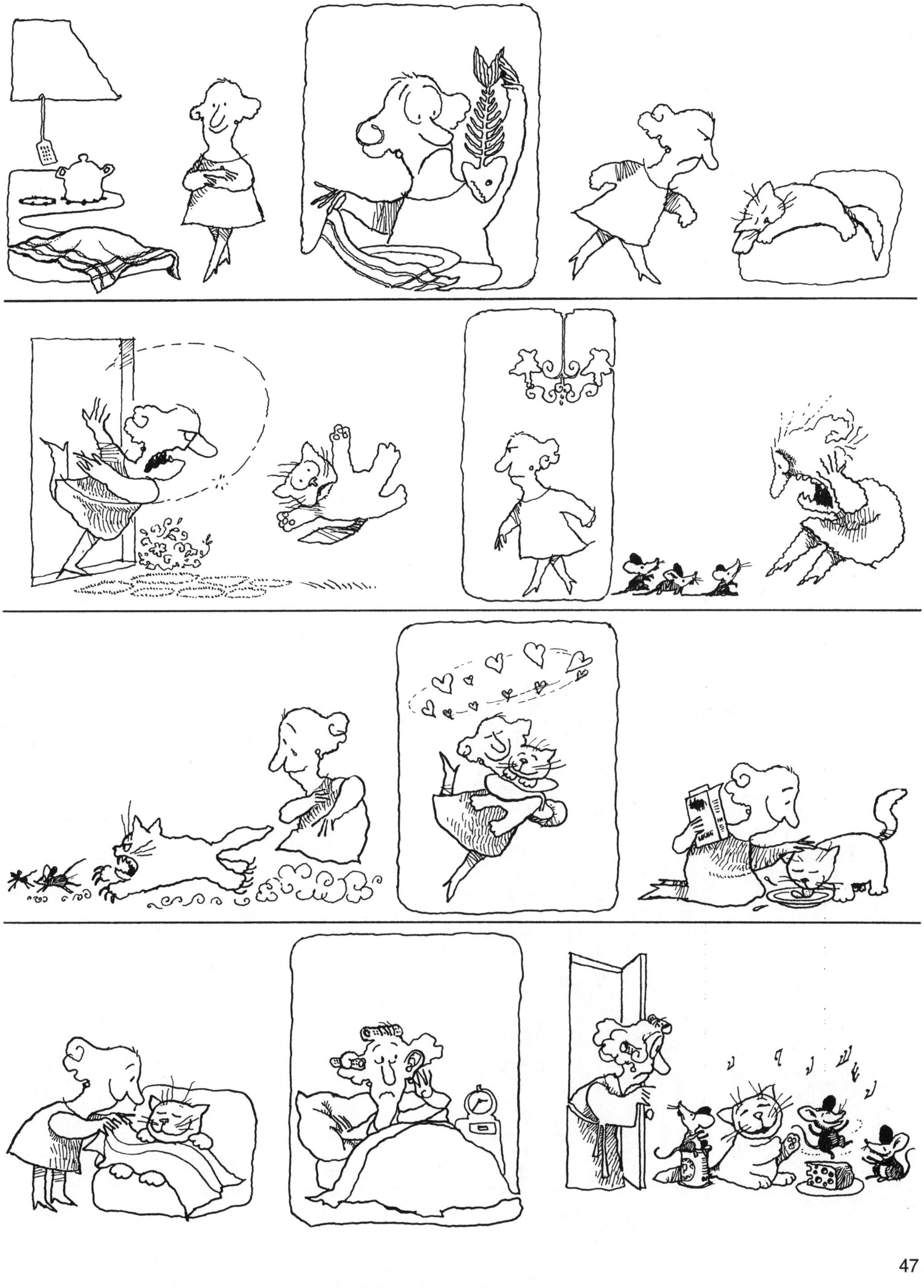

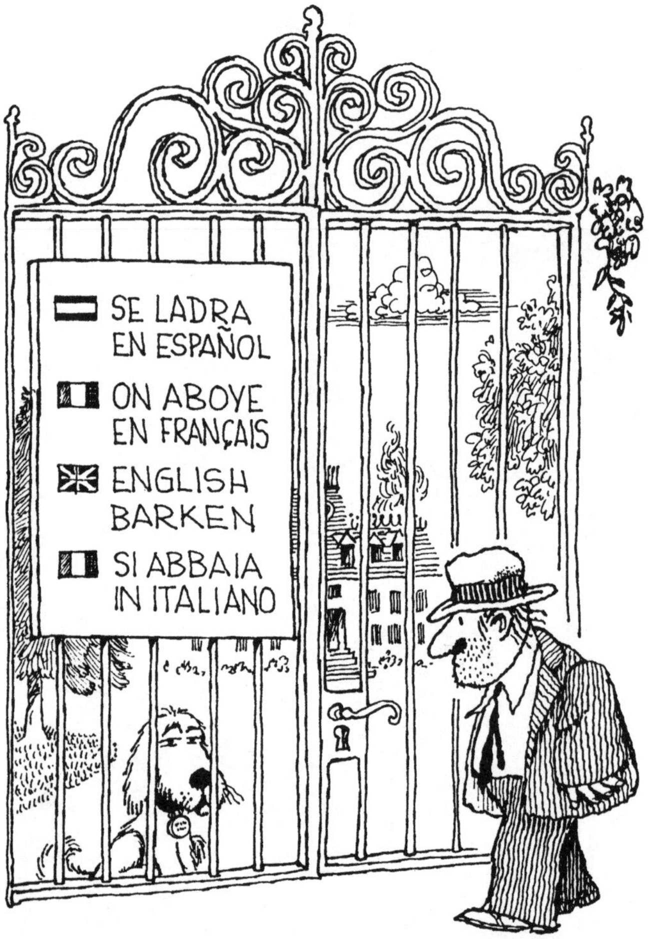
SE LADRA
EN ESPAÑOL
ON ABOYE
EN FRANÇAIS
ENGLISH
BARKEN
SI ABBAIA
IN ITALIANO

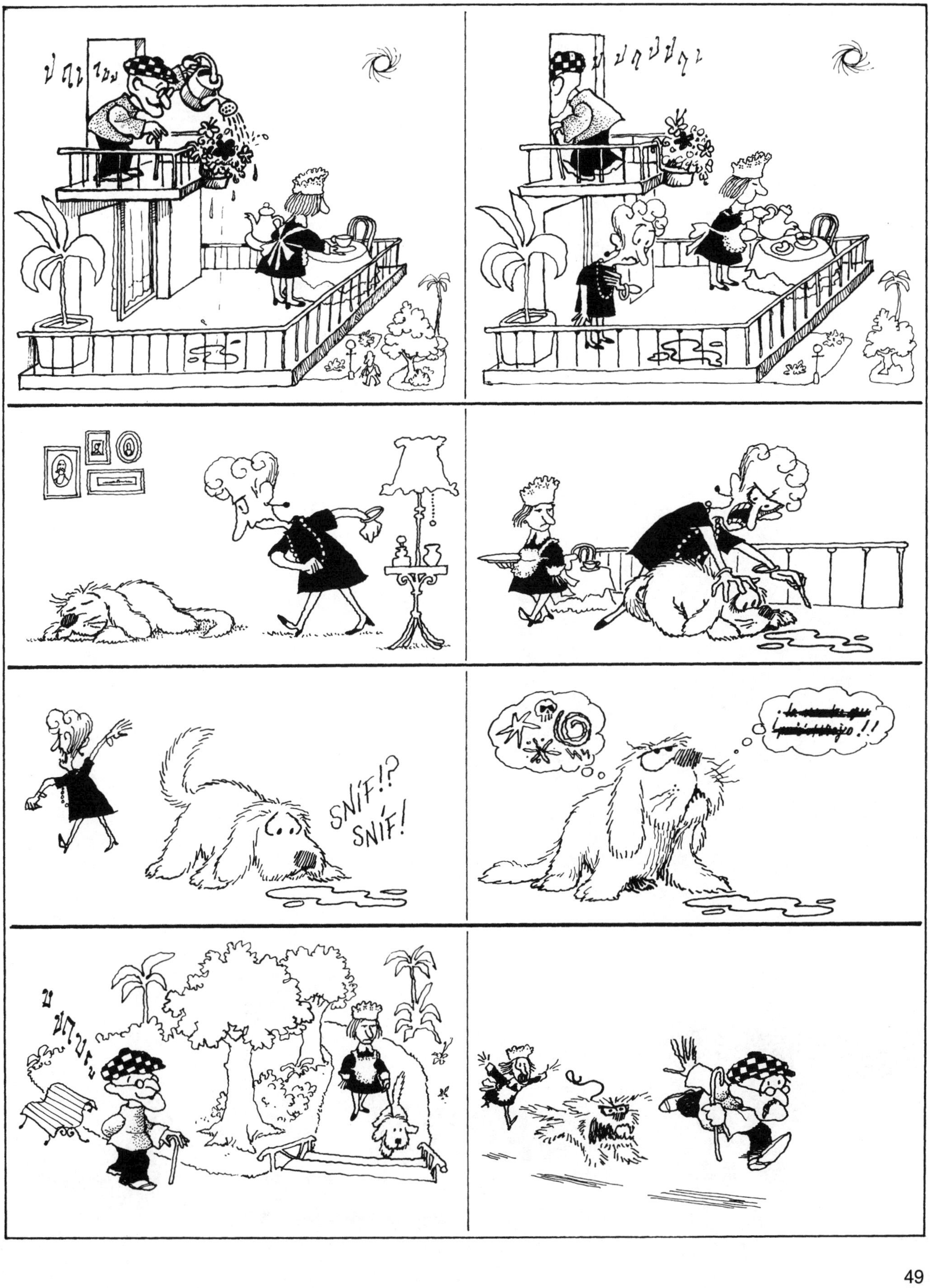
SNIF!?
SNIF!

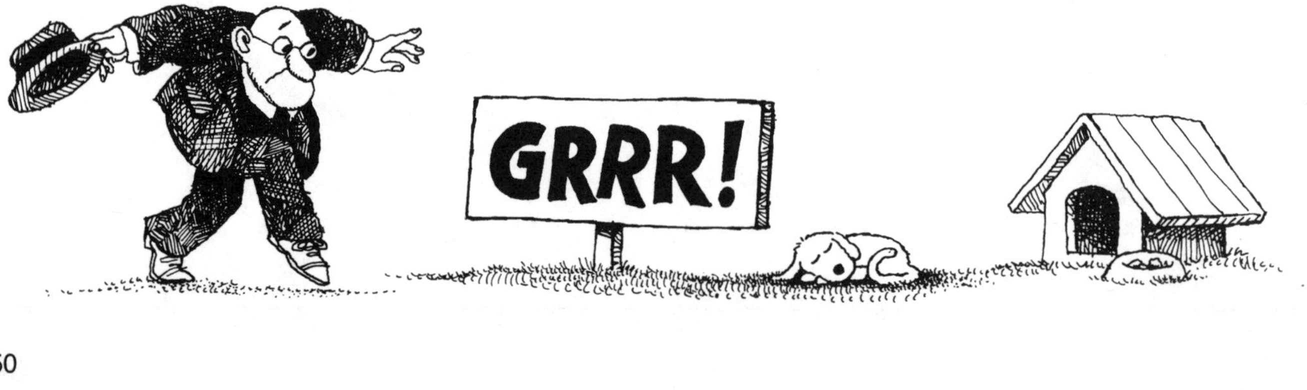
GRRR!

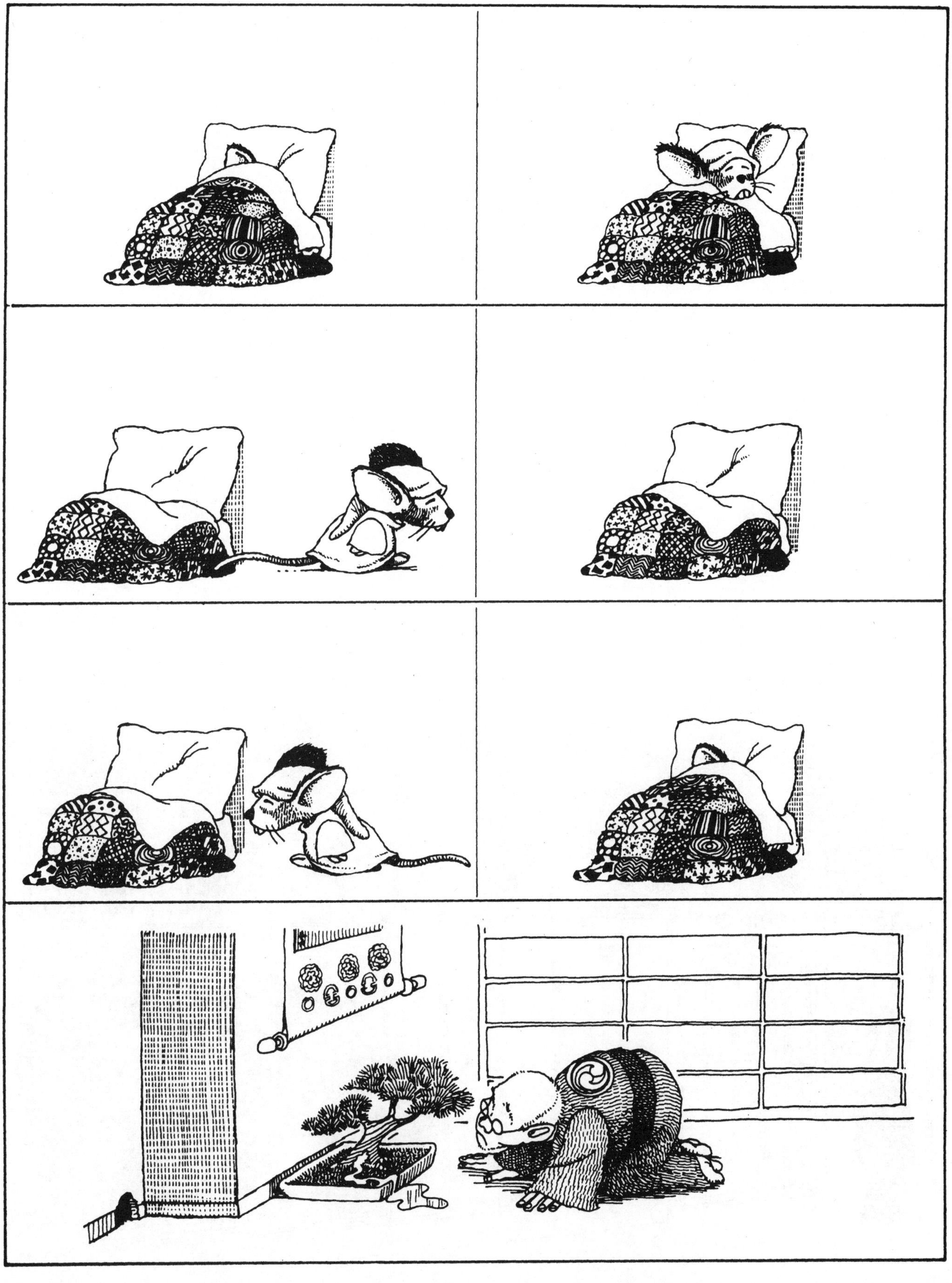

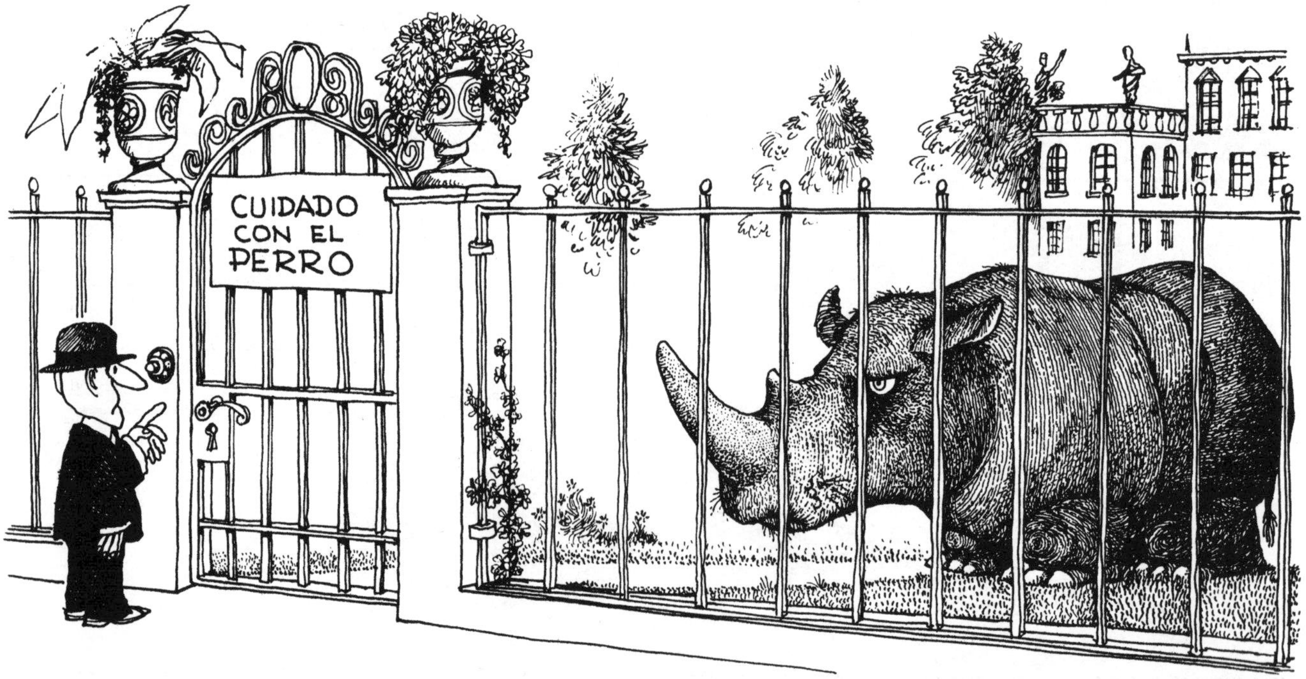
CUIDADO
CON EL
PERRO

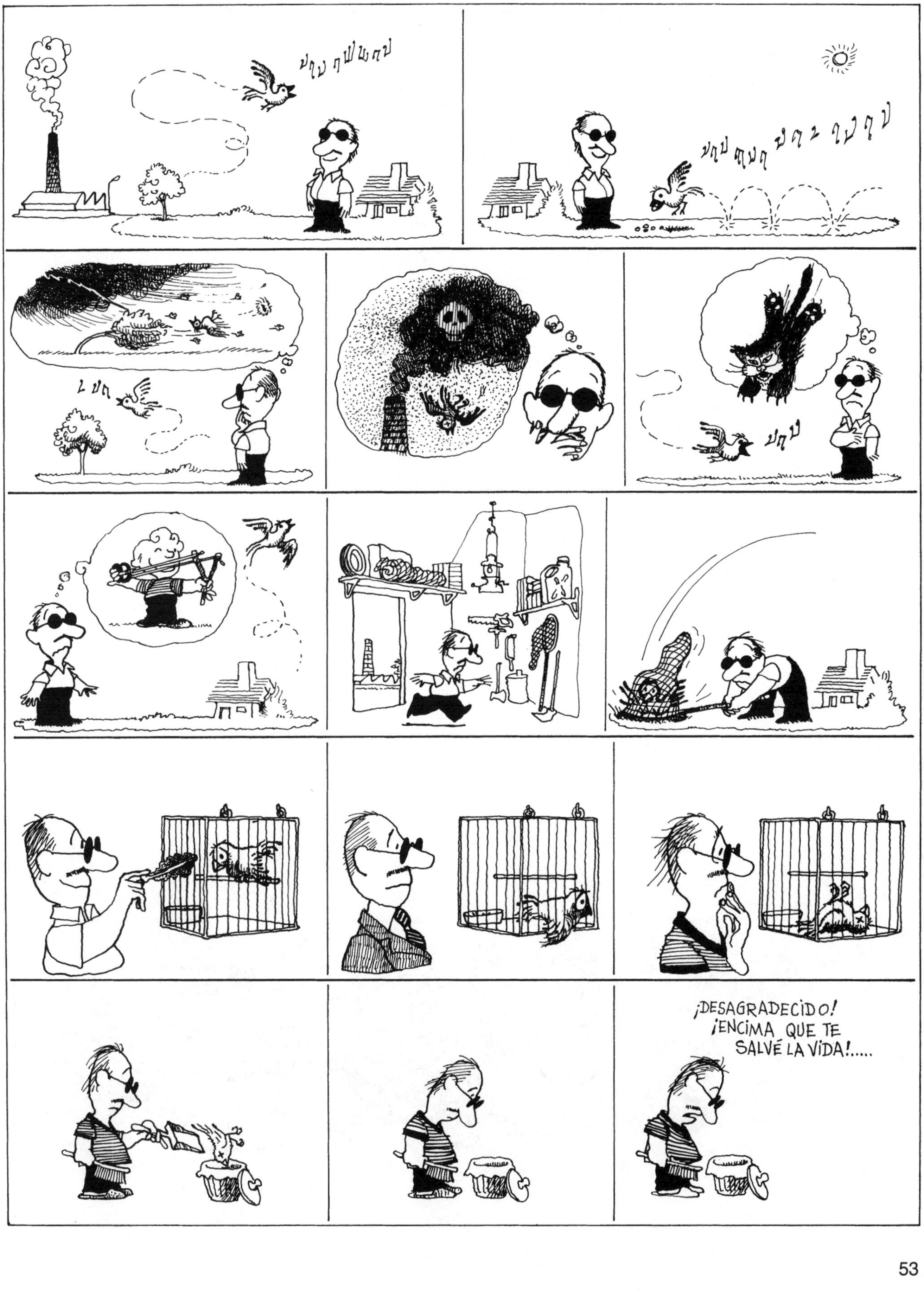
¡DESAGRADECIDO!
¡ENCIMA QUE TE SALVÉ LA VIDA!.....

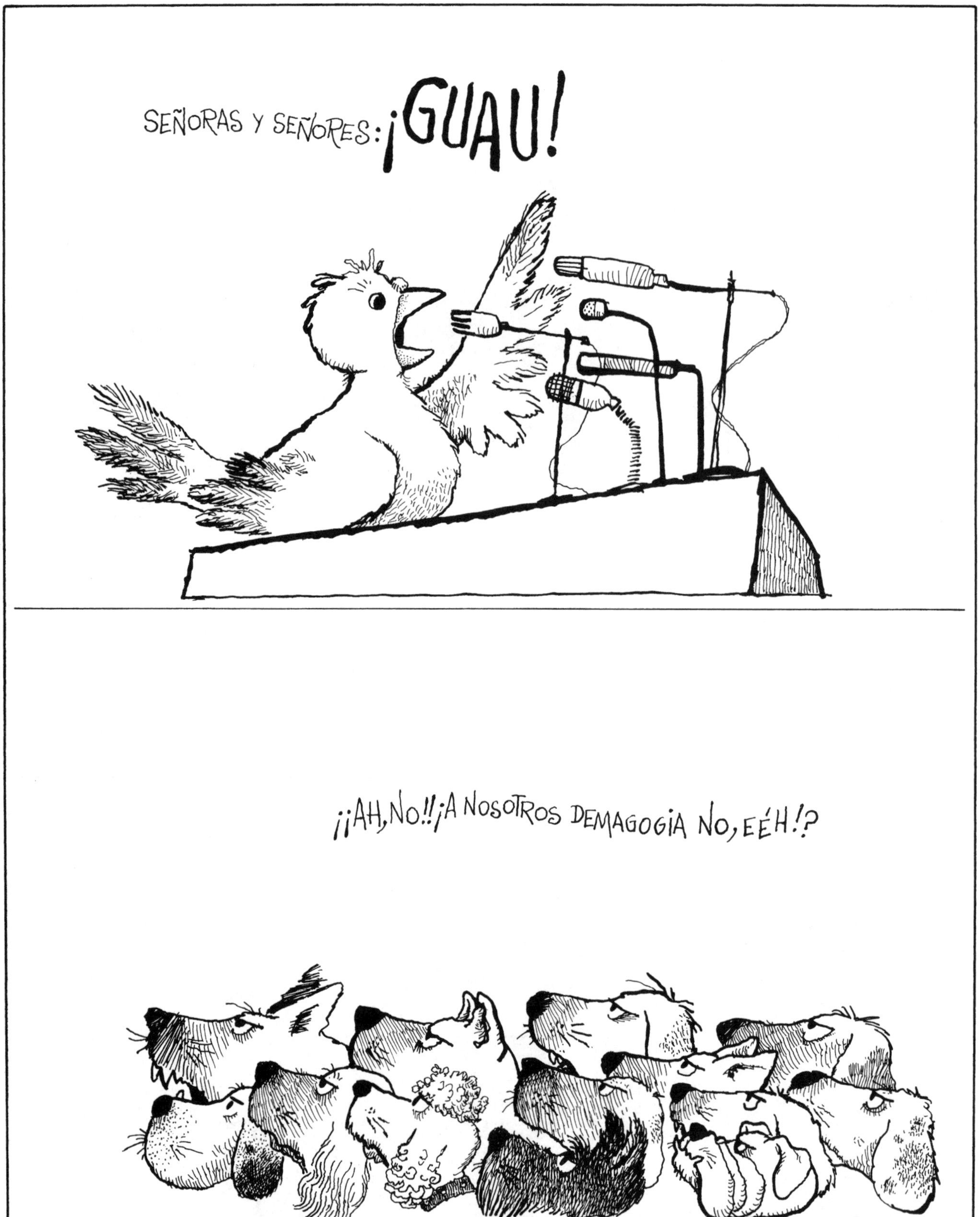
SEÑORAS Y SEÑORES: ¡GUAU!
¡¡AH, NO!! ¡A NOSOTROS DEMAGOGIA NO, EÉH!?

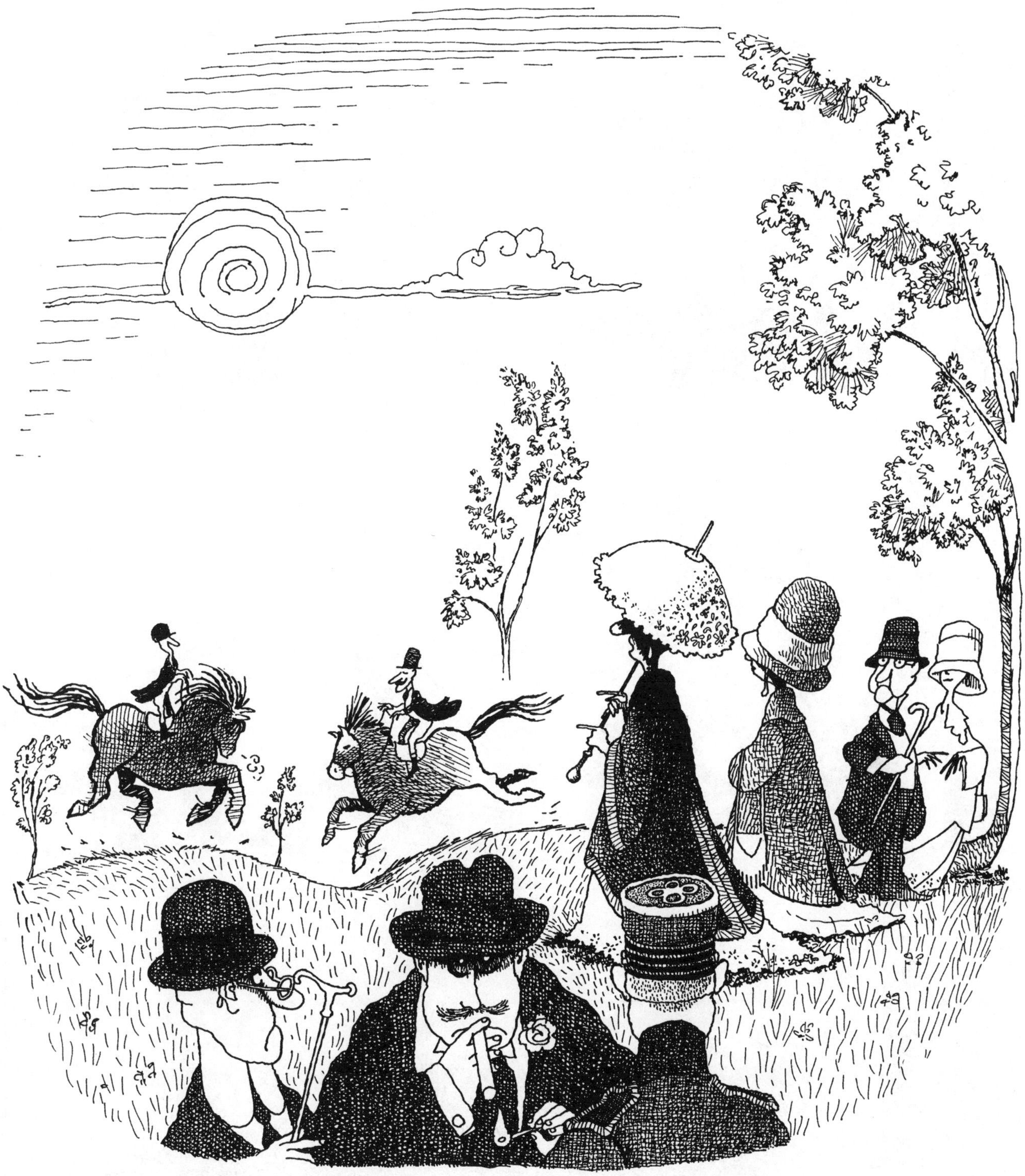

—YA ES HORA DE ATREVERSE Y DECIRLO DE UNA BUENA VEZ: EL CABALLO ES MUCHO MÁS VARONIL QUE EL HOMBRE.

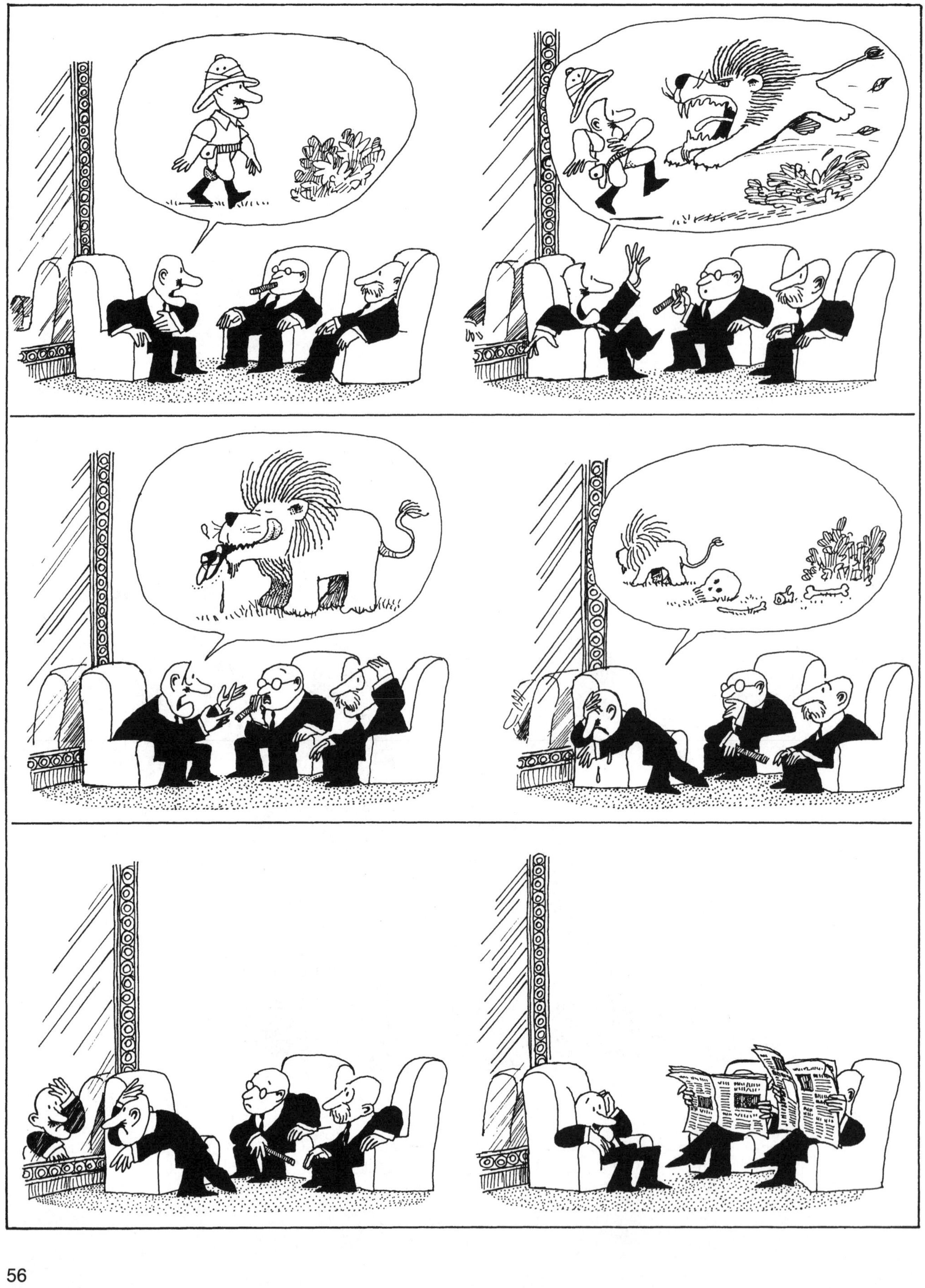

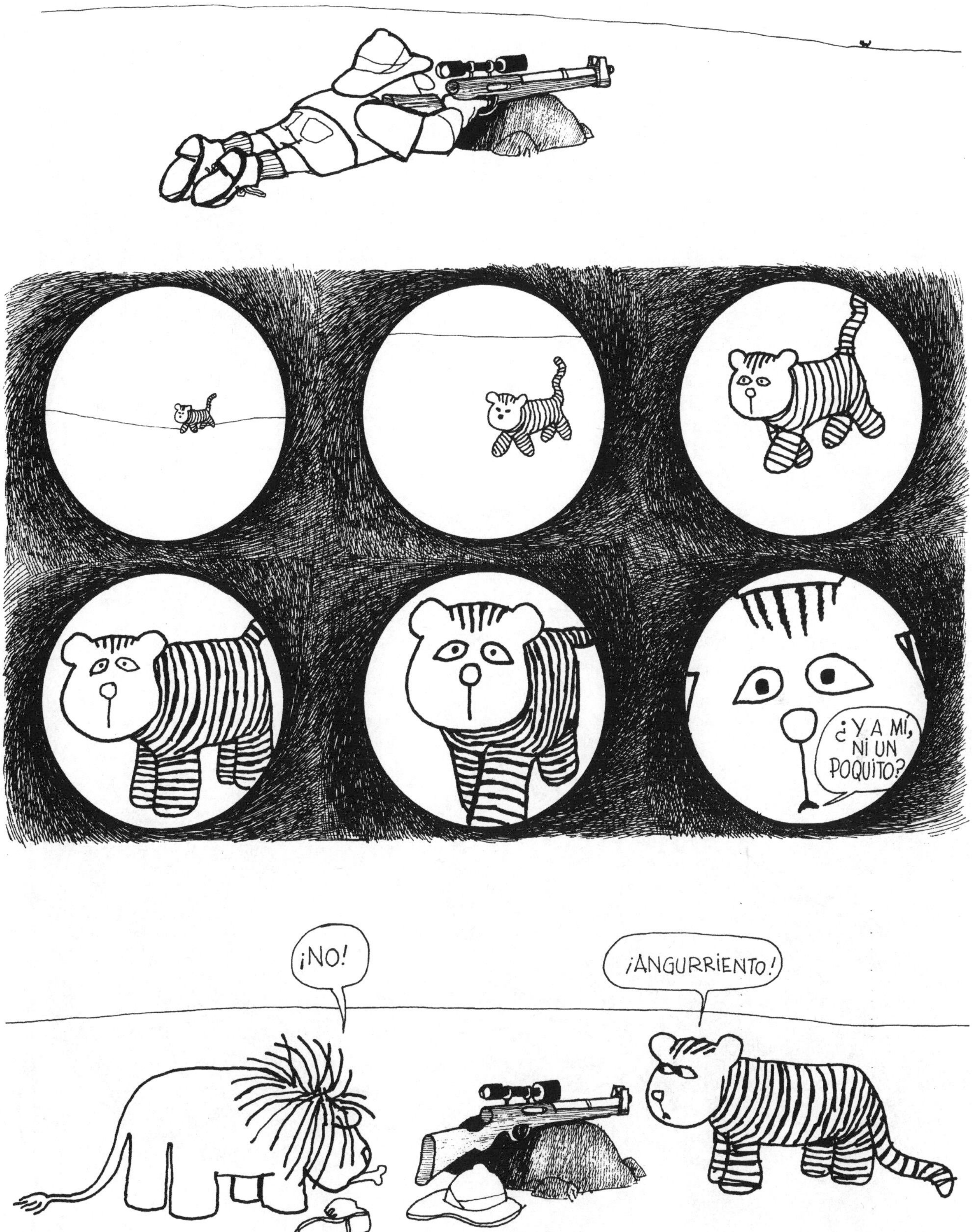
¿Y A MÍ, NI UN POQUITO?
¡NO!
¡ANGURRIENTO!

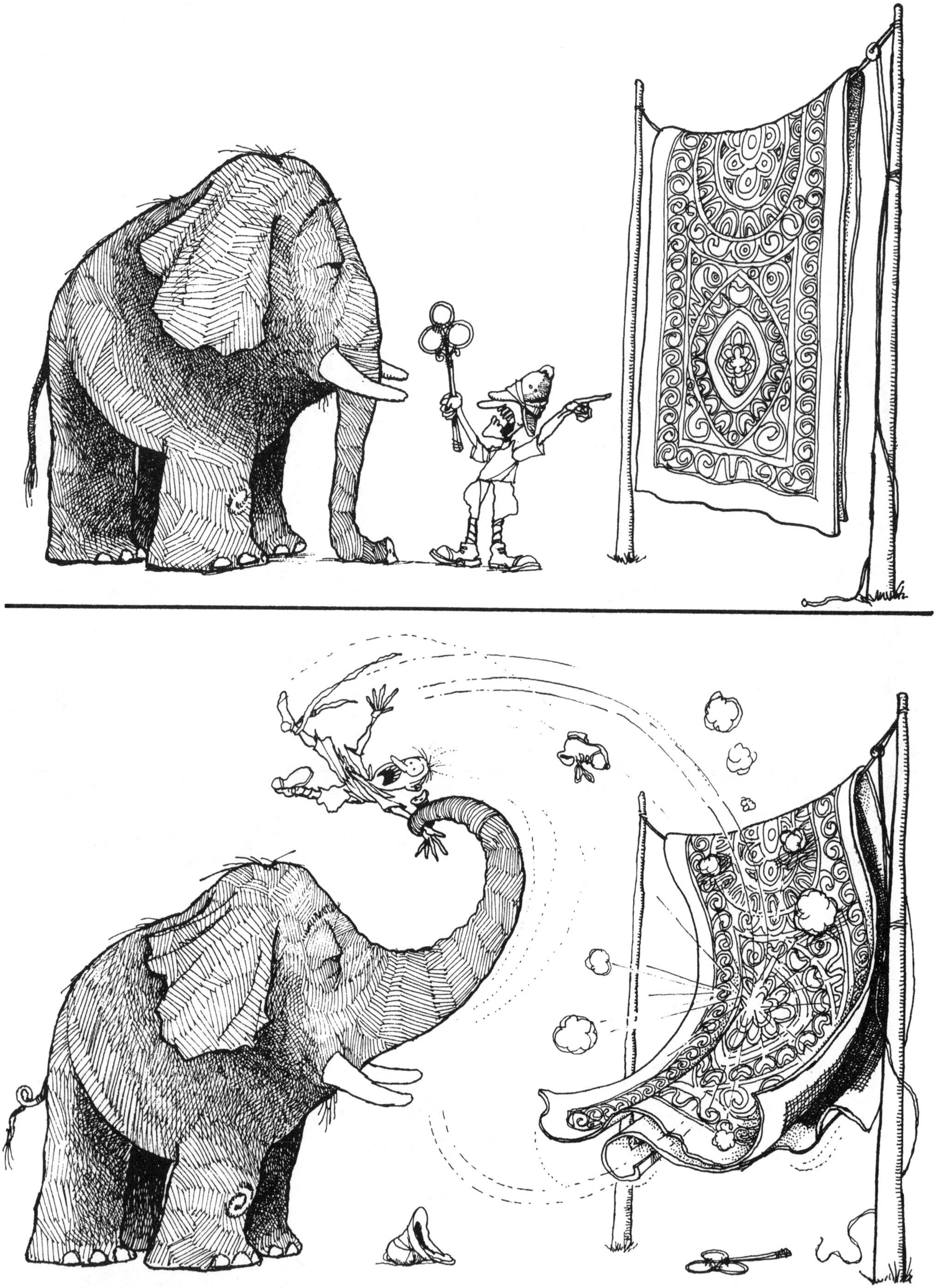

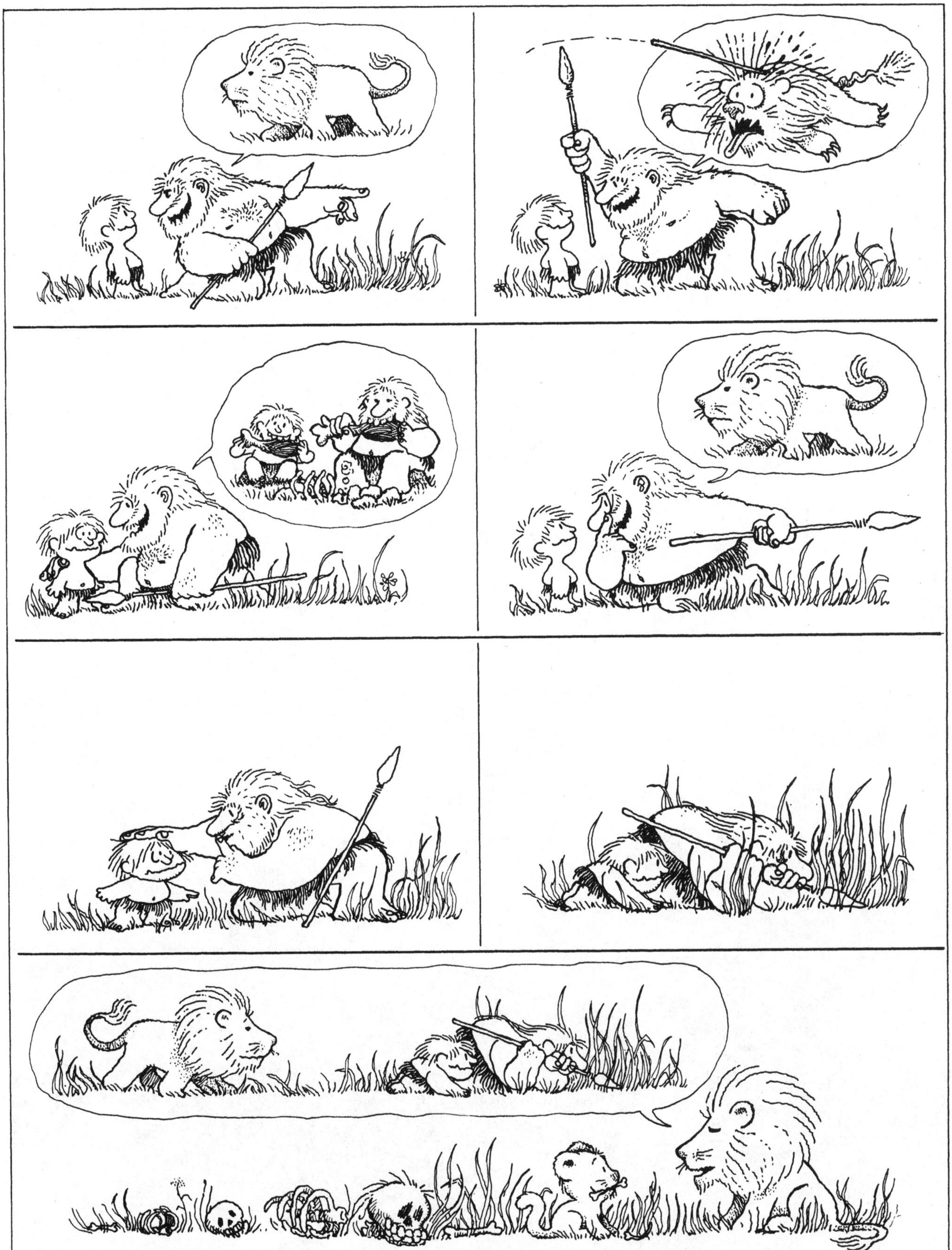

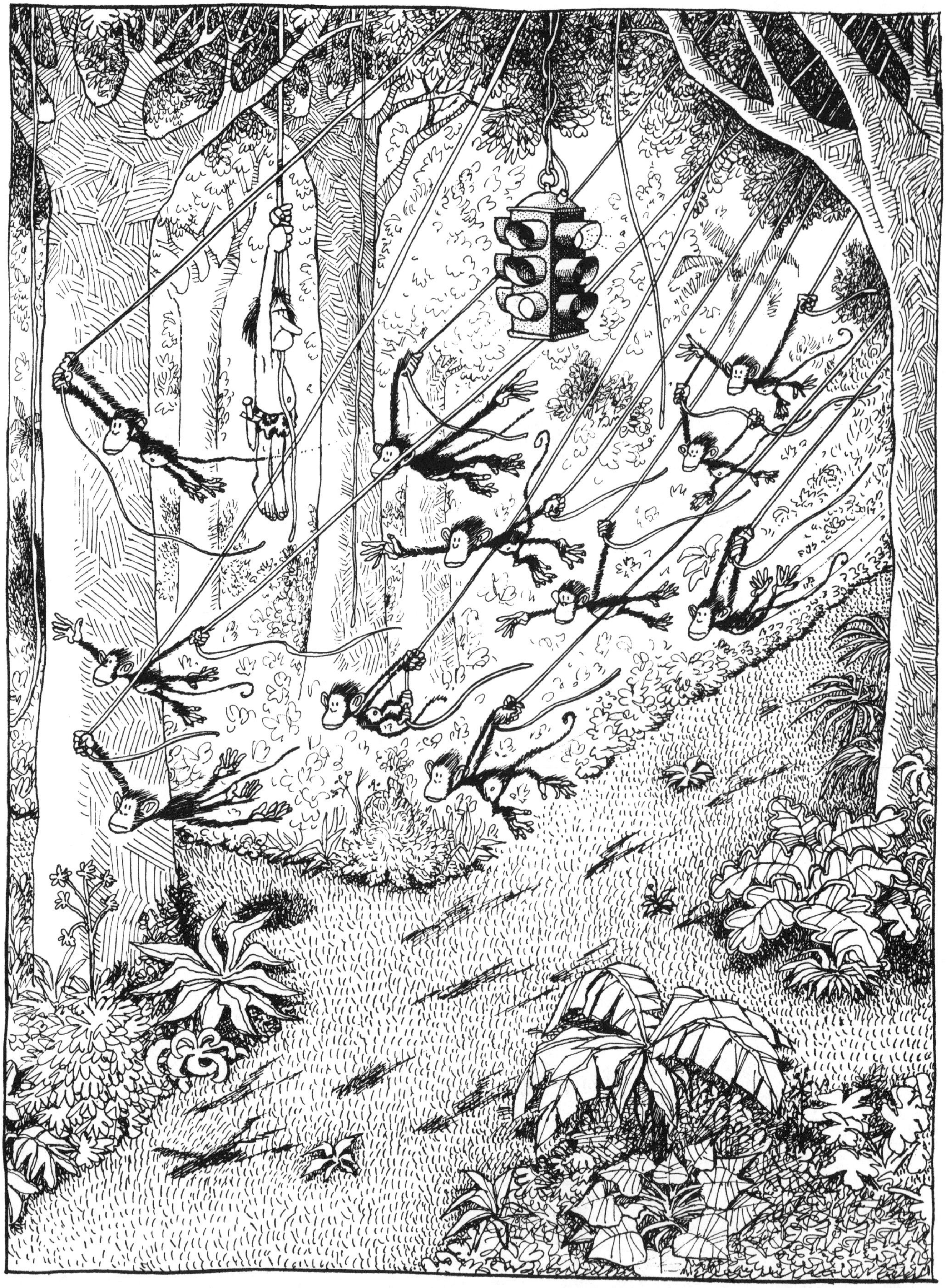

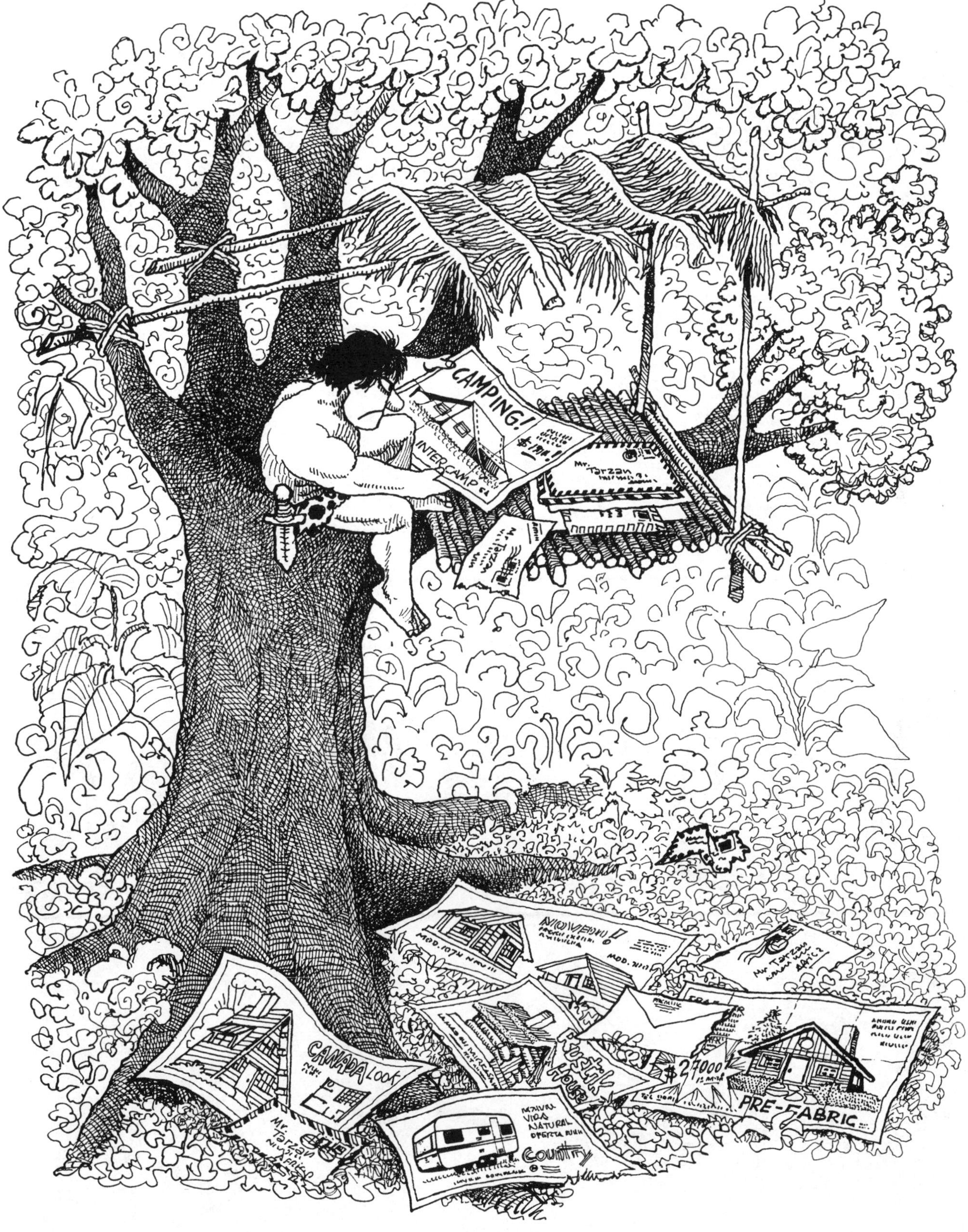
CAMPING!
INTERCAMP
Mr. Tarzan
CANADA LOOK
Mr. Tarzan
Rustik House
$27000
PRE-FABRIC
VIDA
NATURAL
Country

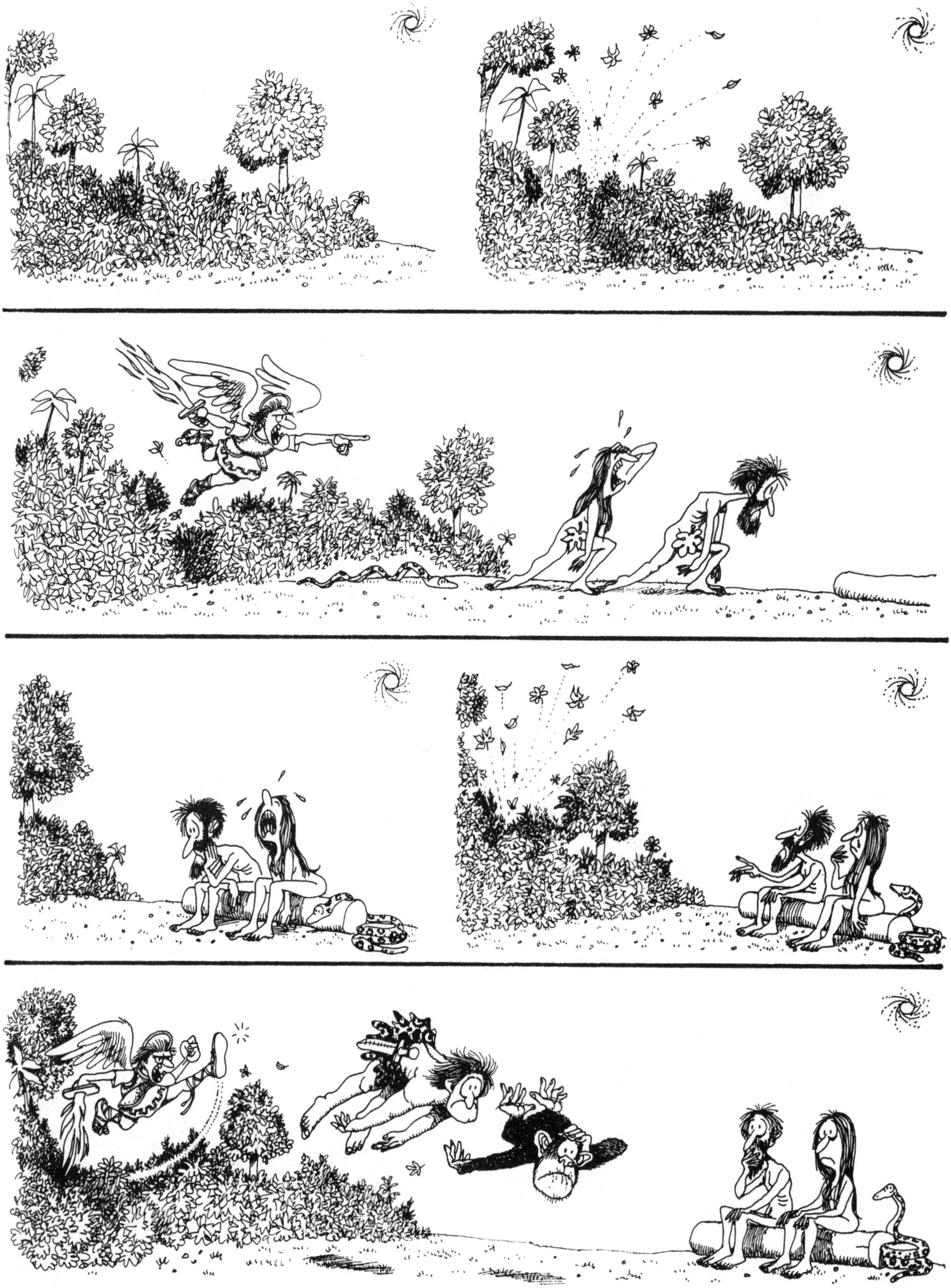

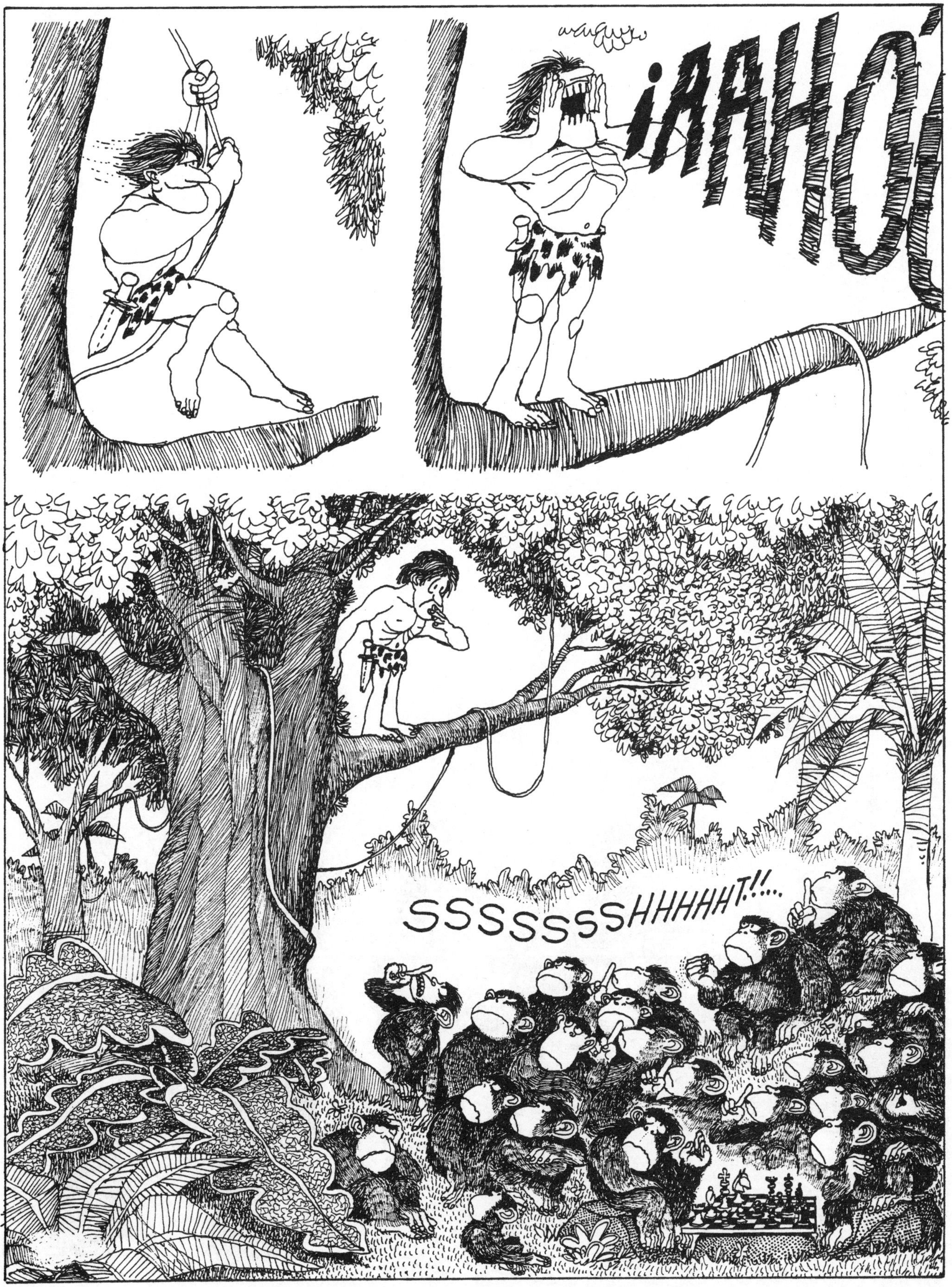
¡AAHO
SSSSSSSHHHHHT!!...

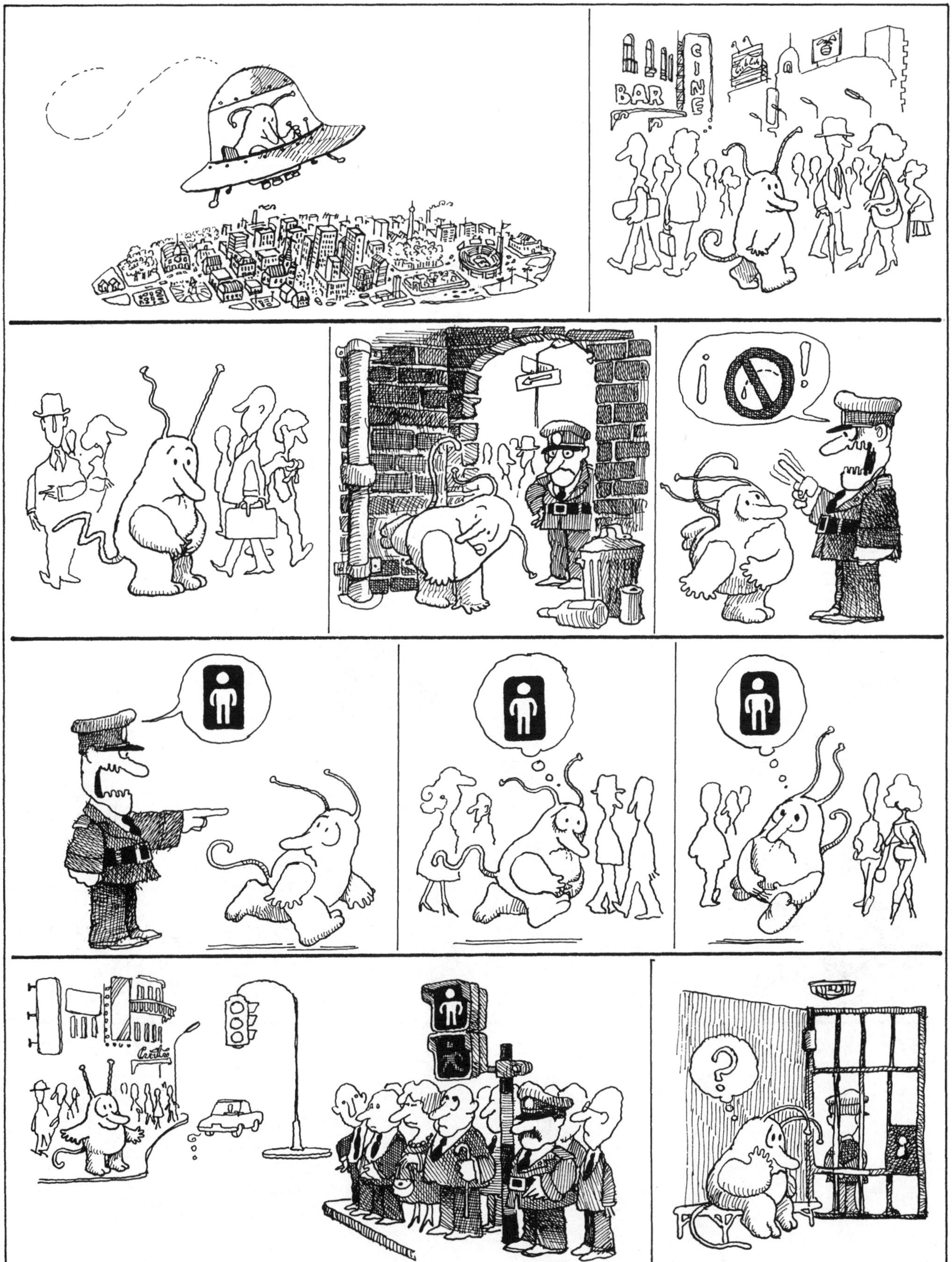
BAR
CINE
¡ !
?

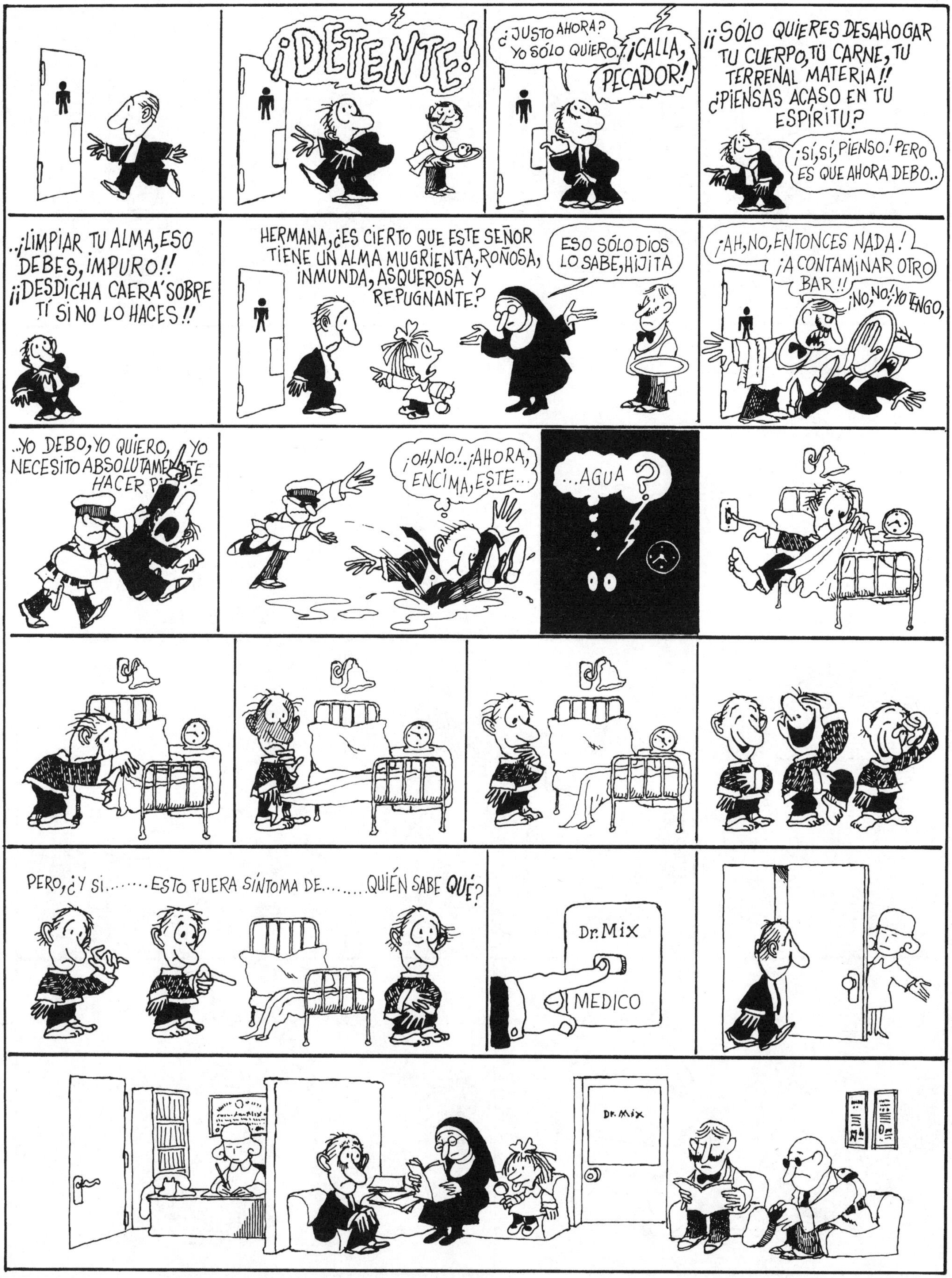

¡DETENTE!
¿JUSTO AHORA? YO SÓLO QUIERO...
¡CALLA, PECADOR!
¡¡SÓLO QUIERES DESAHOGAR TU CUERPO, TU CARNE, TU TERRENAL MATERIA!! ¿PIENSAS ACASO EN TU ESPÍRITU?
¡SÍ, SÍ, PIENSO! PERO ES QUE AHORA DEBO..
..¡LIMPIAR TU ALMA, ESO DEBES, IMPURO!! ¡¡DESDICHA CAERÁ SOBRE TÍ SI NO LO HACES!!
HERMANA, ¿ES CIERTO QUE ESTE SEÑOR TIENE UN ALMA MUGRIENTA, ROÑOSA, INMUNDA, ASQUEROSA Y REPUGNANTE?
ESO SÓLO DIOS LO SABE, HIJITA
¡AH, NO, ENTONCES NADA!
¡A CONTAMINAR OTRO BAR!!
¡NO, NO!, ¡YO TENGO,
...YO DEBO, YO QUIERO, ¡YO NECESITO ABSOLUTAMENTE HACER P
¡OH, NO!.. ¡AHORA, ENCIMA, ESTE...
...AGUA
PERO, ¿Y SI.......ESTO FUERA SÍNTOMA DE.........QUIÉN SABE QUÉ?
Dr. Mix
MEDICO
Dr. Mix

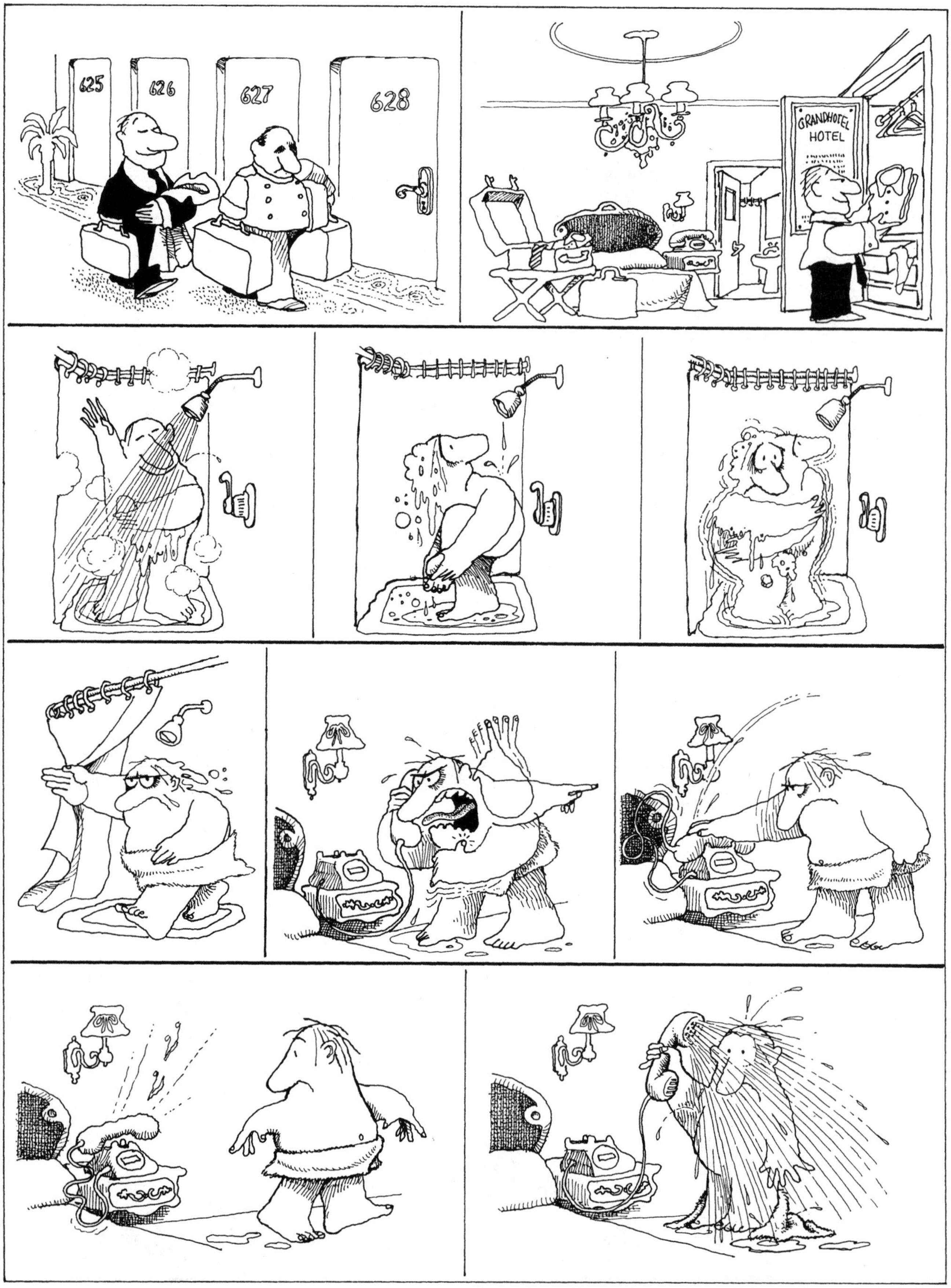
625
626
627
628
GRANDHOTEL
HOTEL

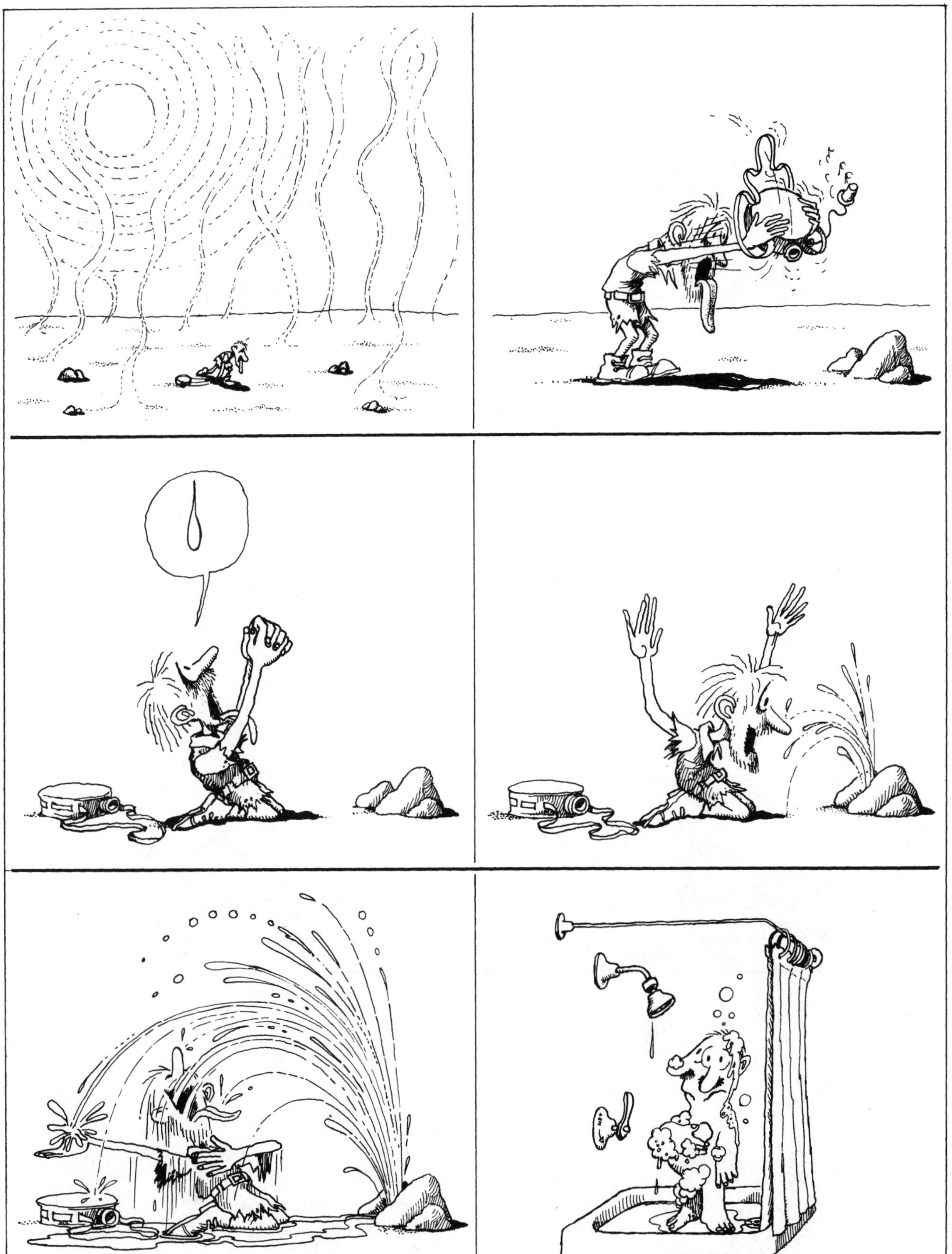

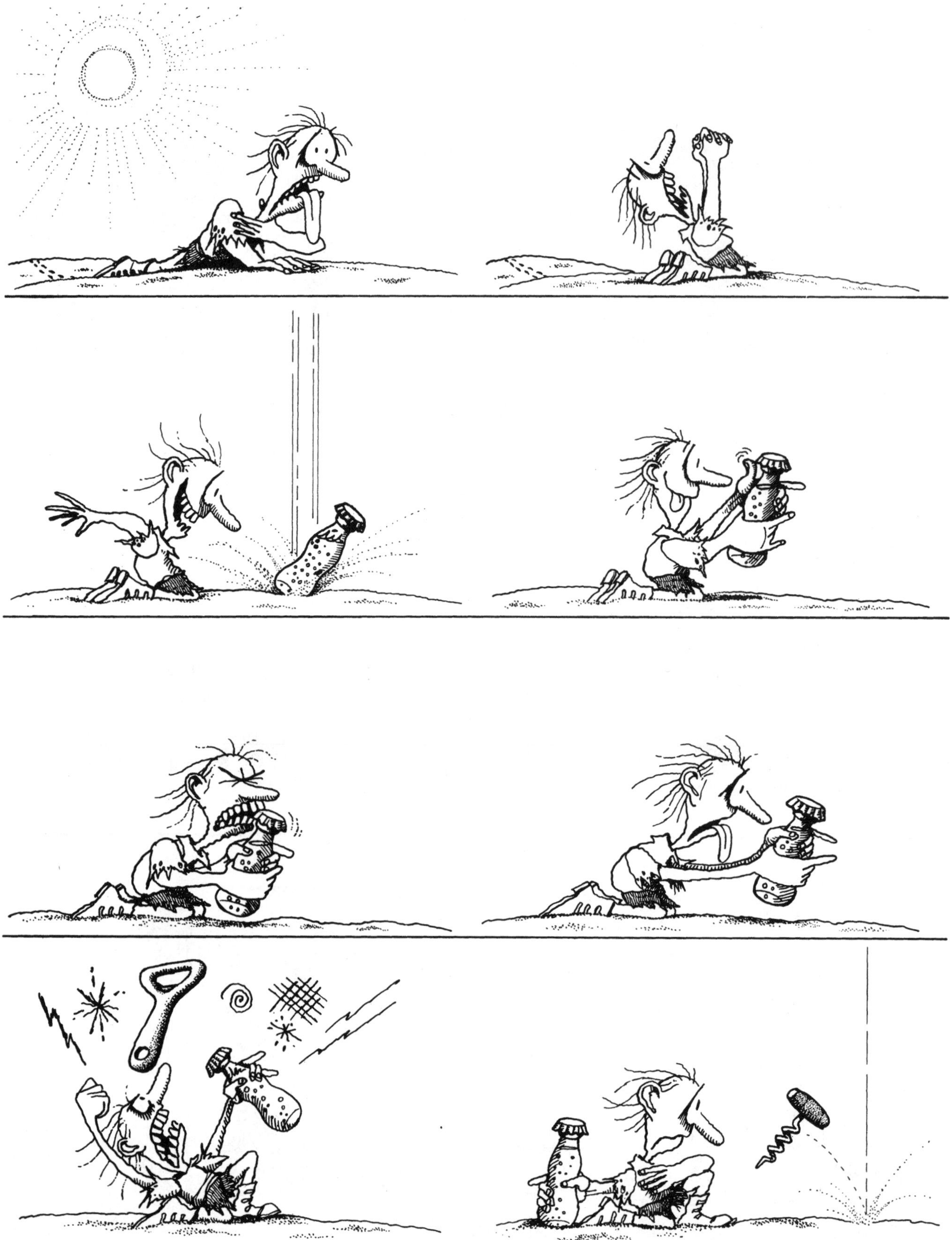

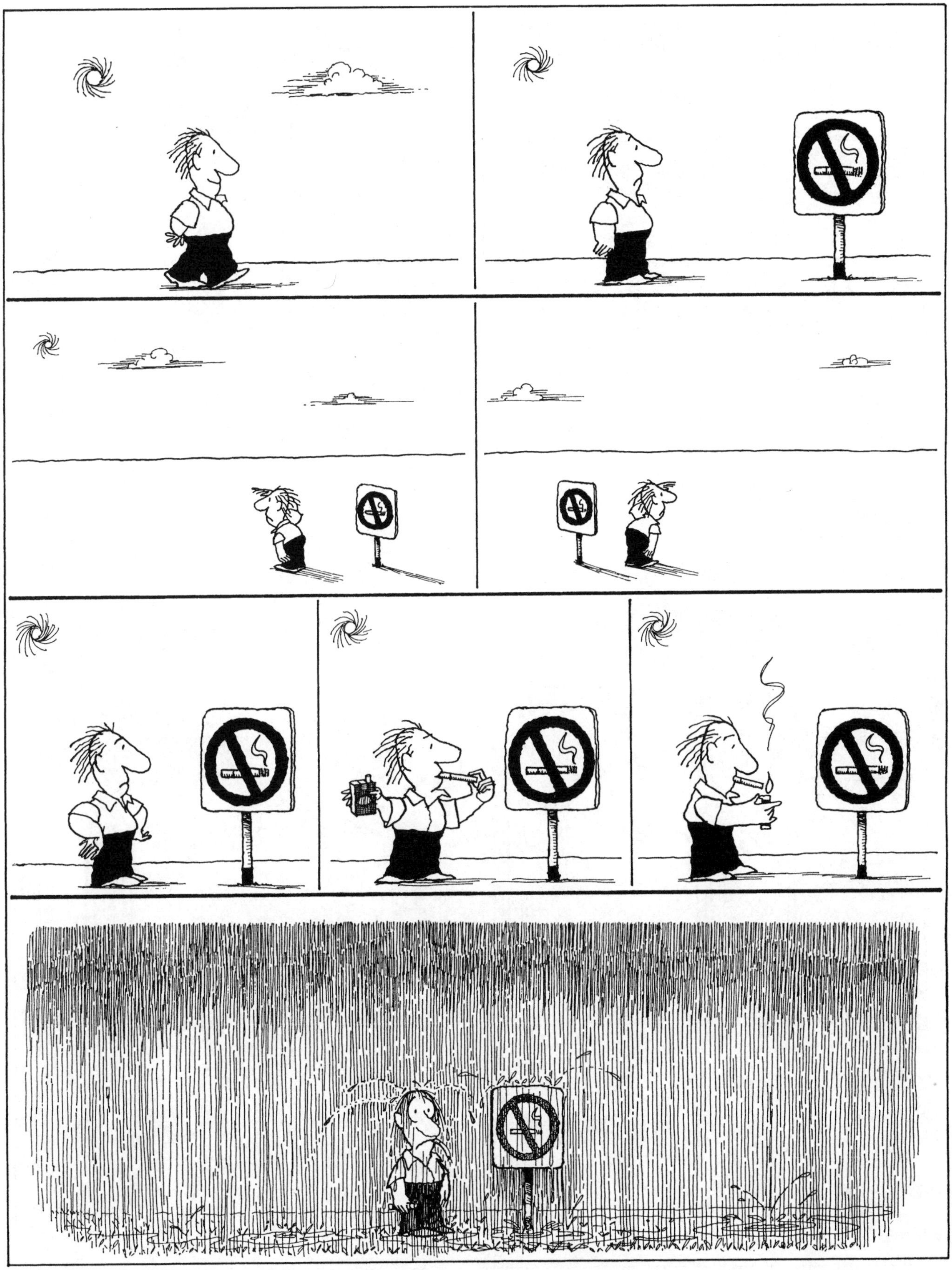

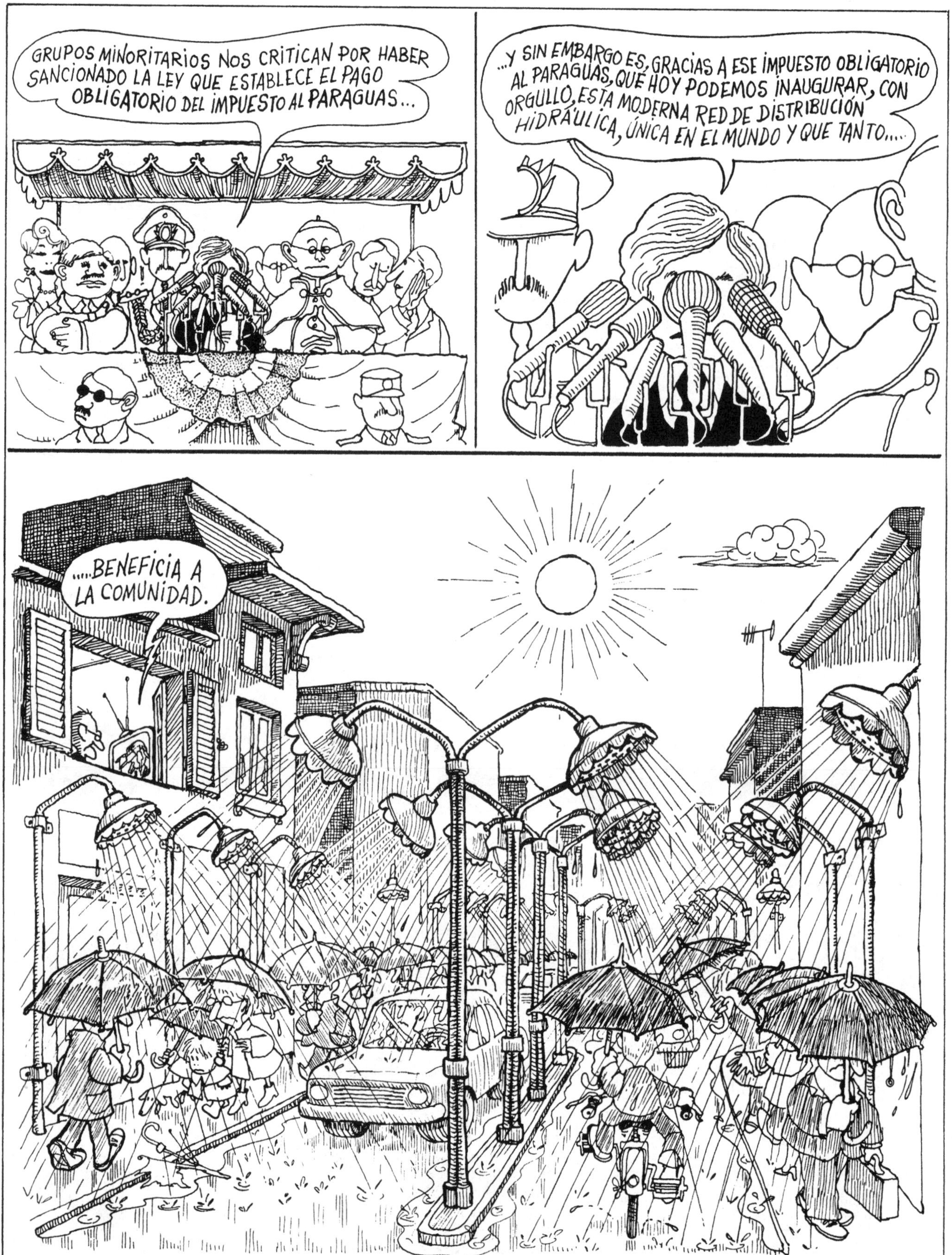
GRUPOS MINORITARIOS NOS CRITICAN POR HABER SANCIONADO LA LEY QUE ESTABLECE EL PAGO OBLIGATORIO DEL IMPUESTO AL PARAGUAS...
...Y SIN EMBARGO ES, GRACIAS A ESE IMPUESTO OBLIGATORIO AL PARAGUAS, QUE HOY PODEMOS INAUGURAR, CON ORGULLO, ESTA MODERNA RED DE DISTRIBUCIÓN HIDRÁULICA, ÚNICA EN EL MUNDO Y QUE TANTO.....
.....BENEFICIA A LA COMUNIDAD.

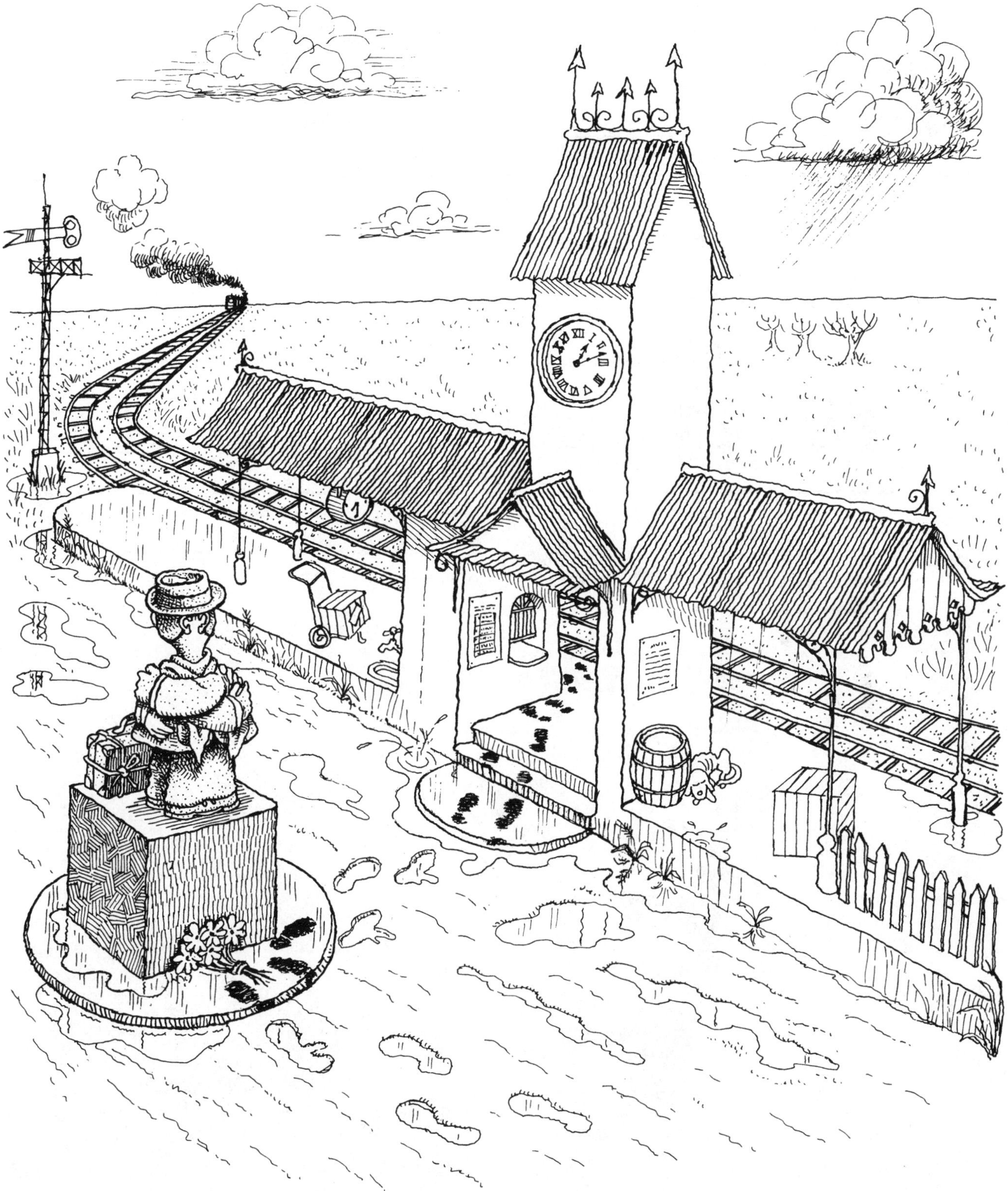

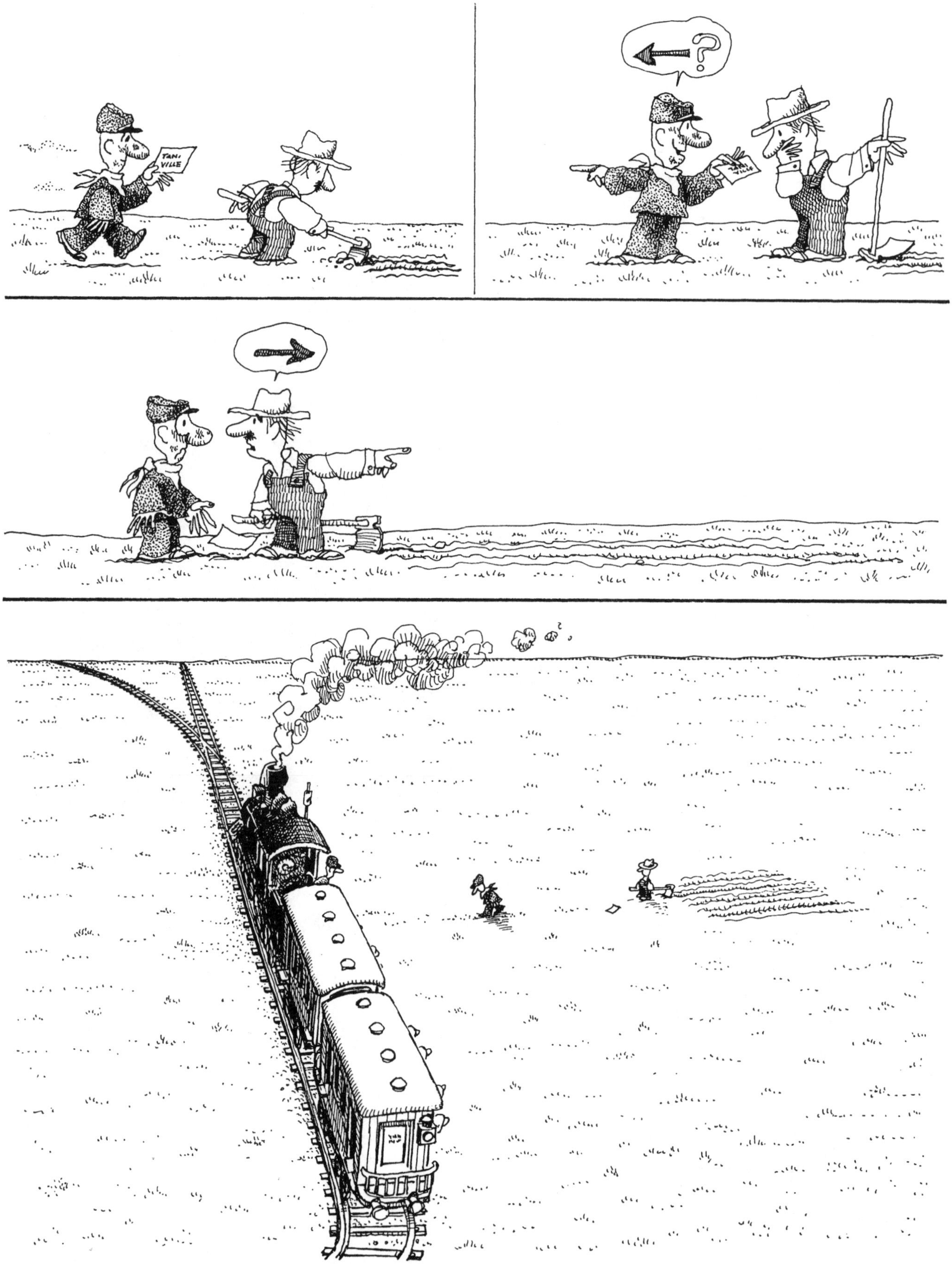
TANI
VILLE

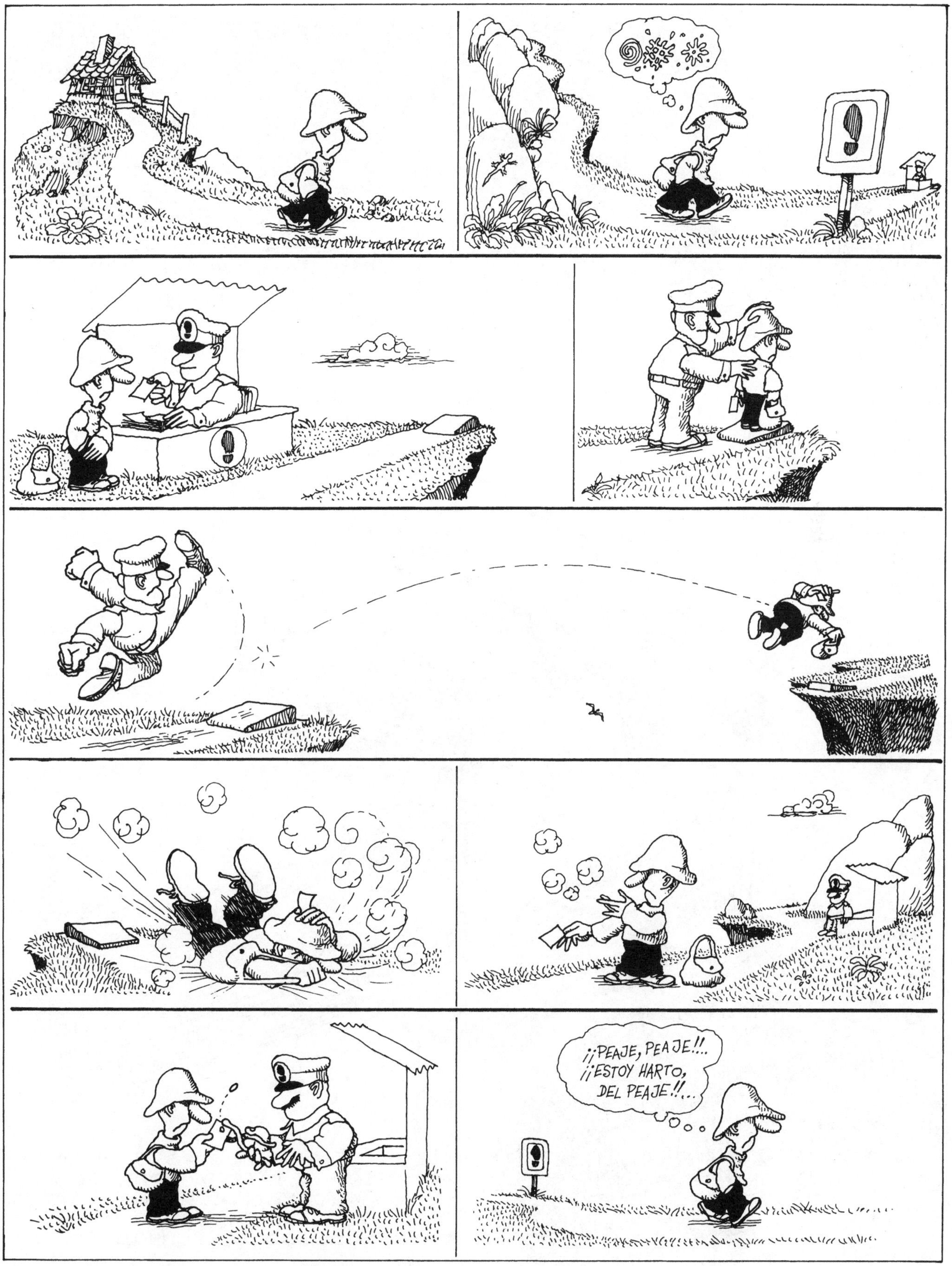
¡¡PEAJE, PEAJE!!..
¡¡ESTOY HARTO, DEL PEAJE!!...

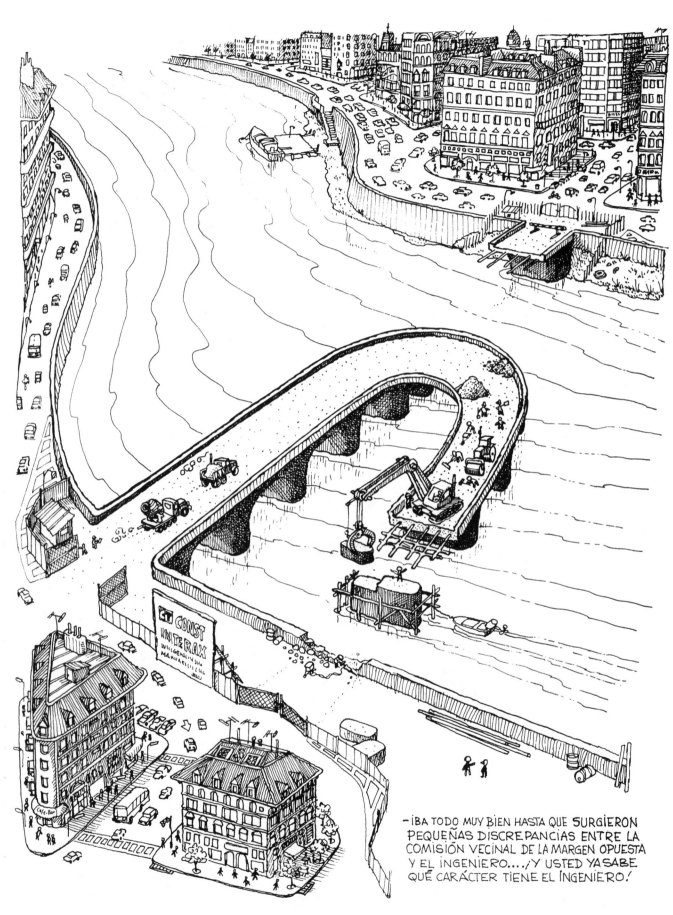

—IBA TODO MUY BIEN HASTA QUE SURGIERON
PEQUEÑAS DISCREPANCIAS ENTRE LA
COMISIÓN VECINAL DE LA MARGEN OPUESTA
Y EL INGENIERO....¡Y USTED YA SABE
QUÉ CARÁCTER TIENE EL INGENIERO!

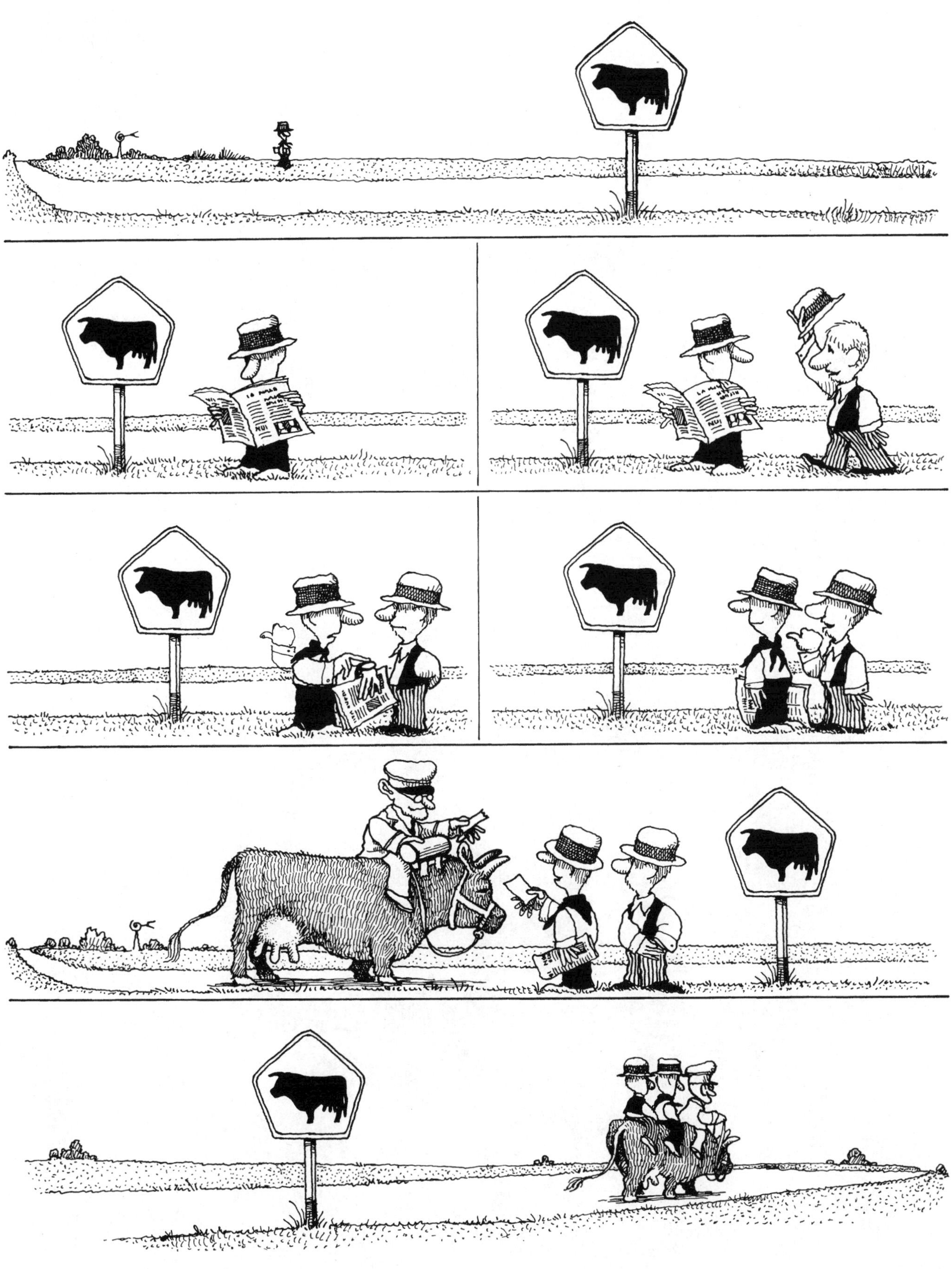

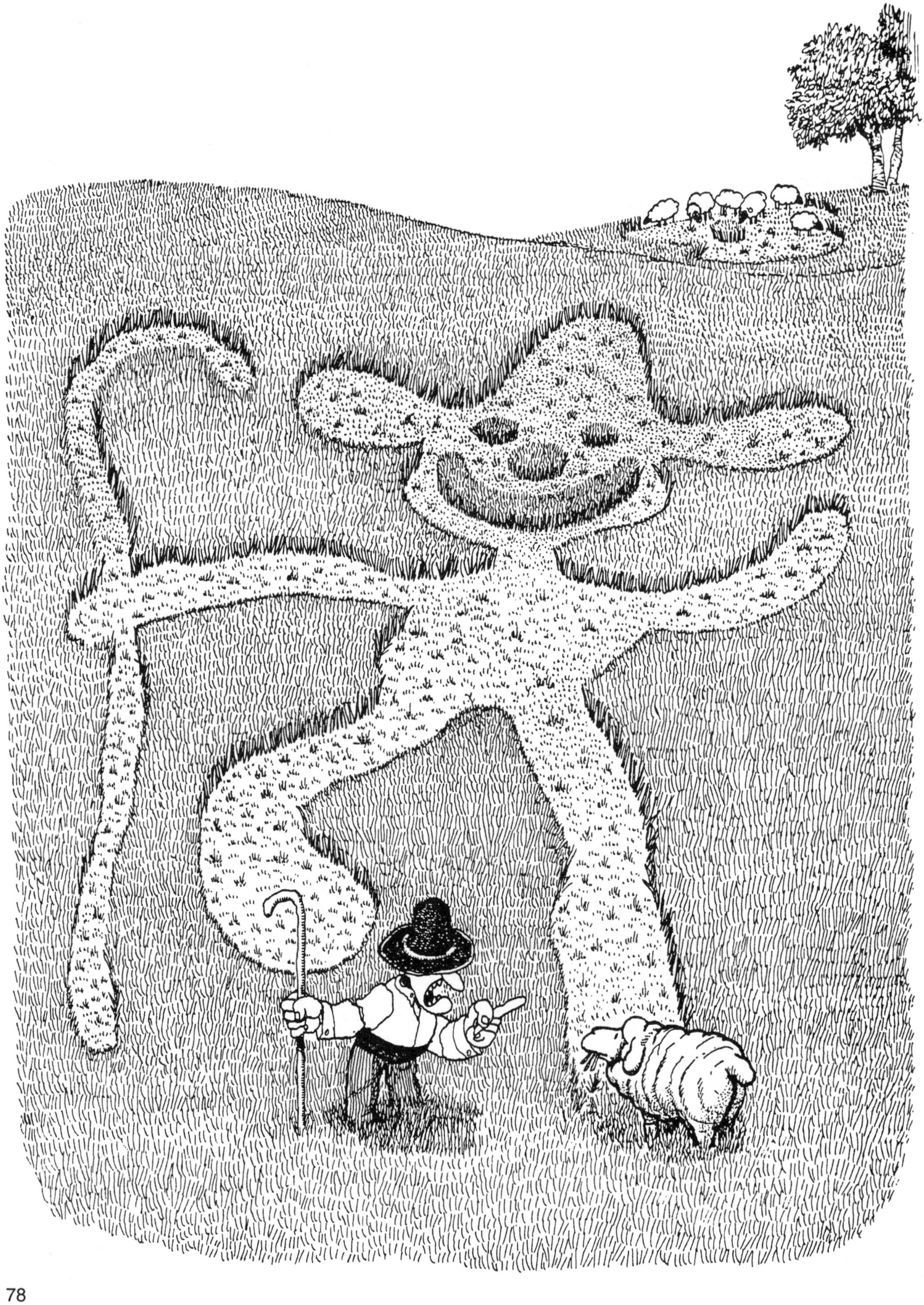

~CASO DIFÍCIL, COMISARIO; EL ASESINO
NO HA DEJADO NINGUNA PISTA...

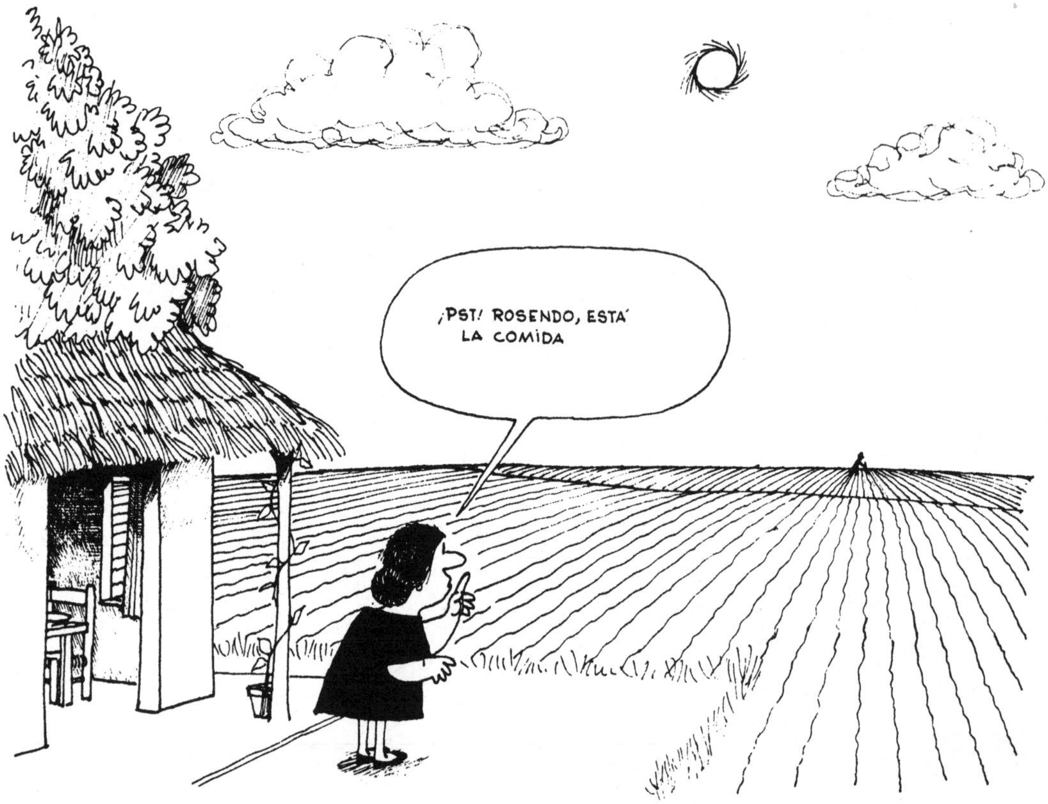
¡PST! ROSENDO, ESTÁ LA COMIDA

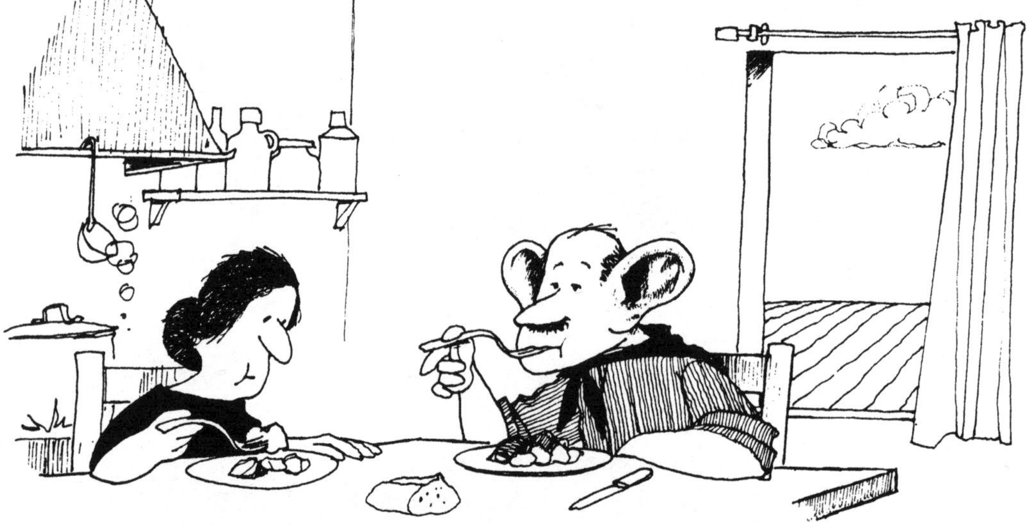

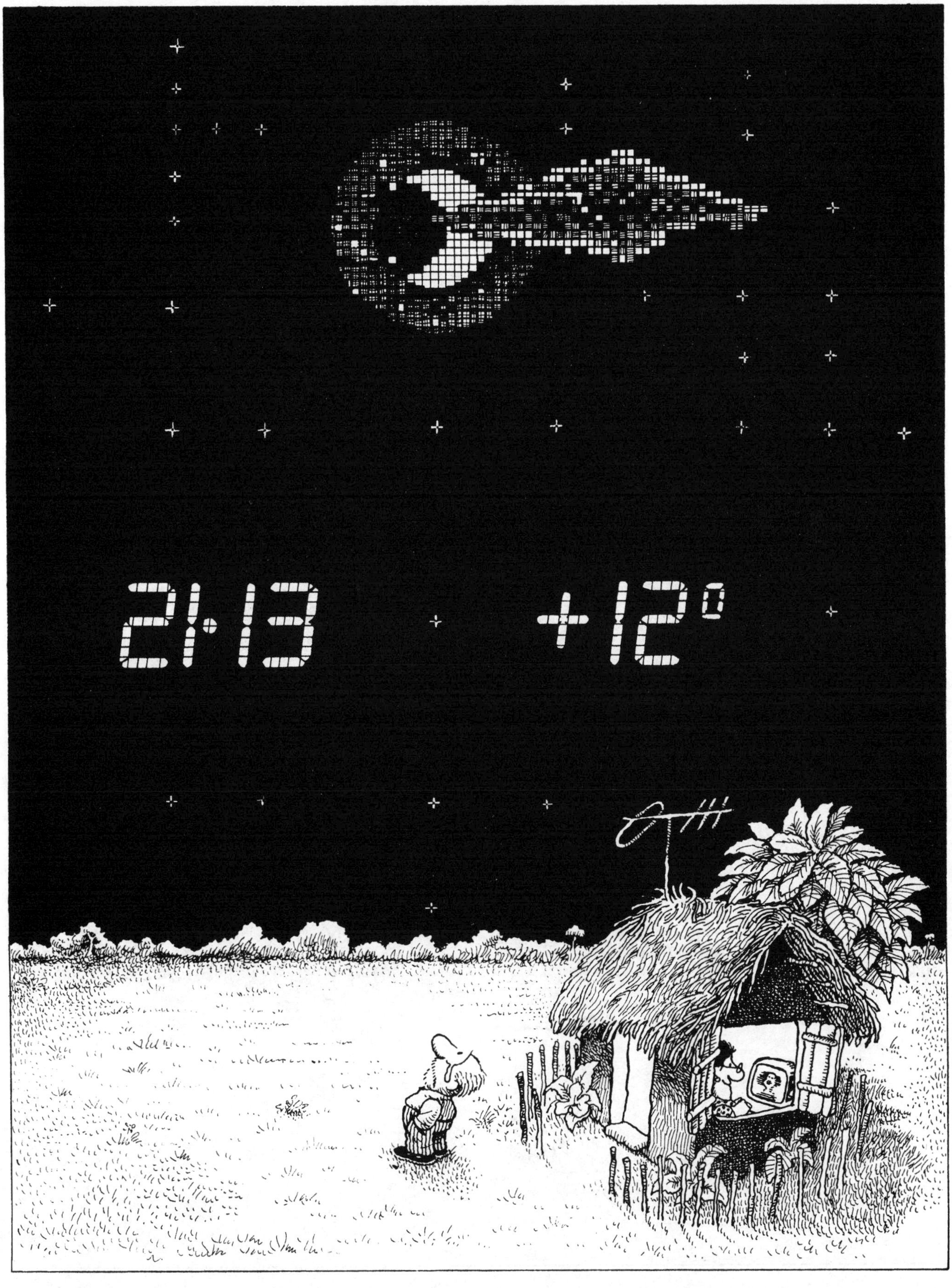
21:13
+12°

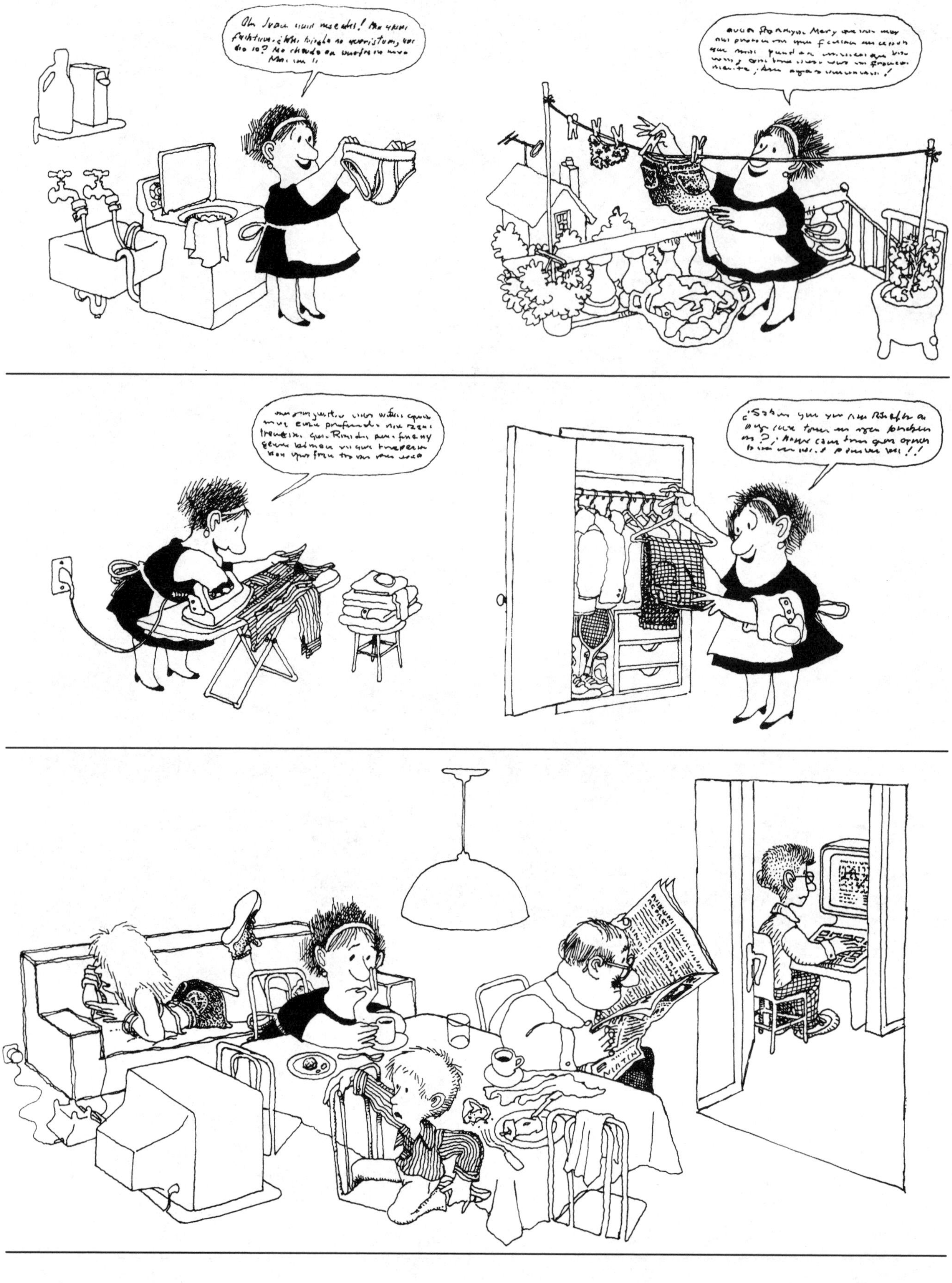

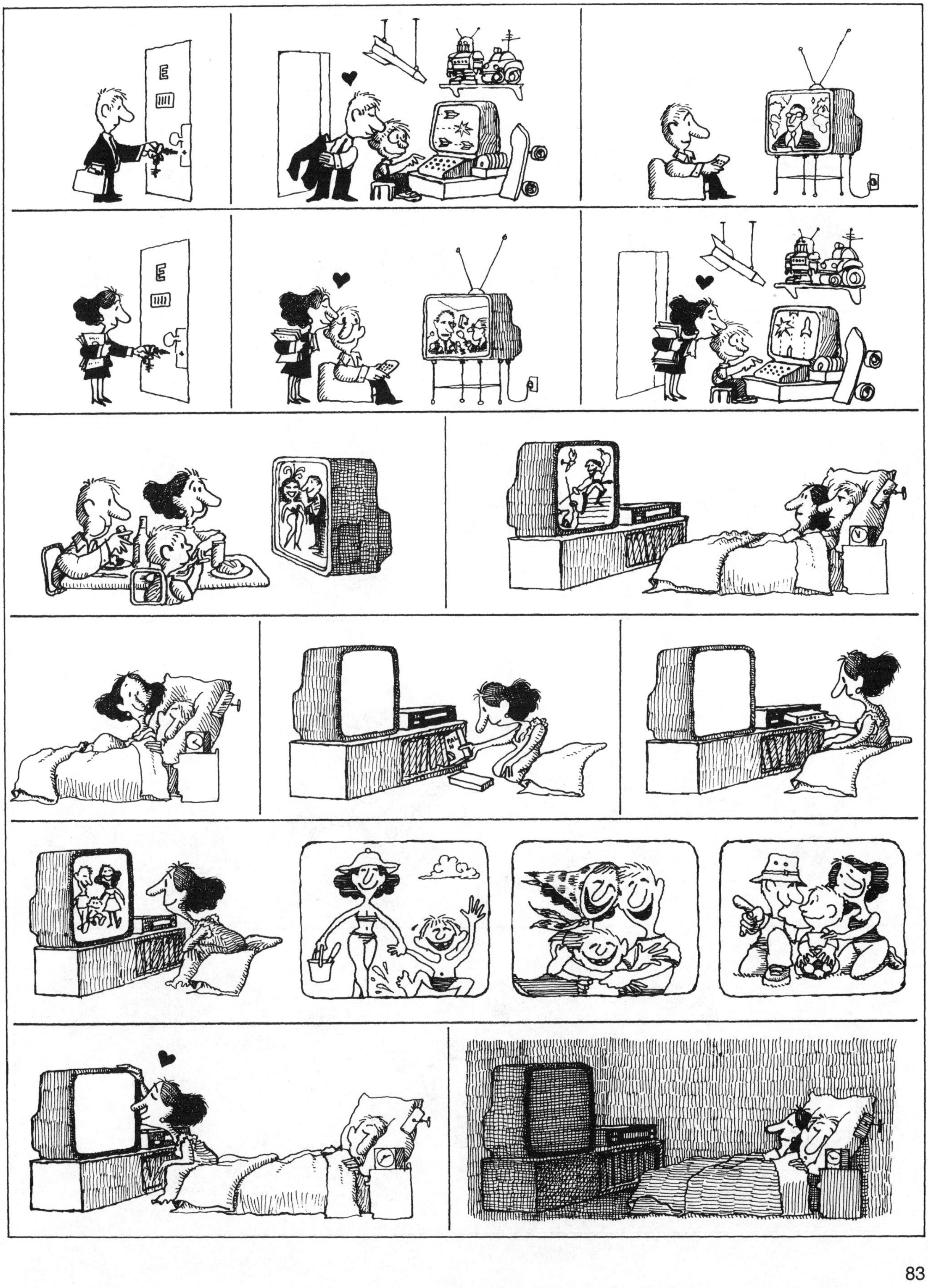

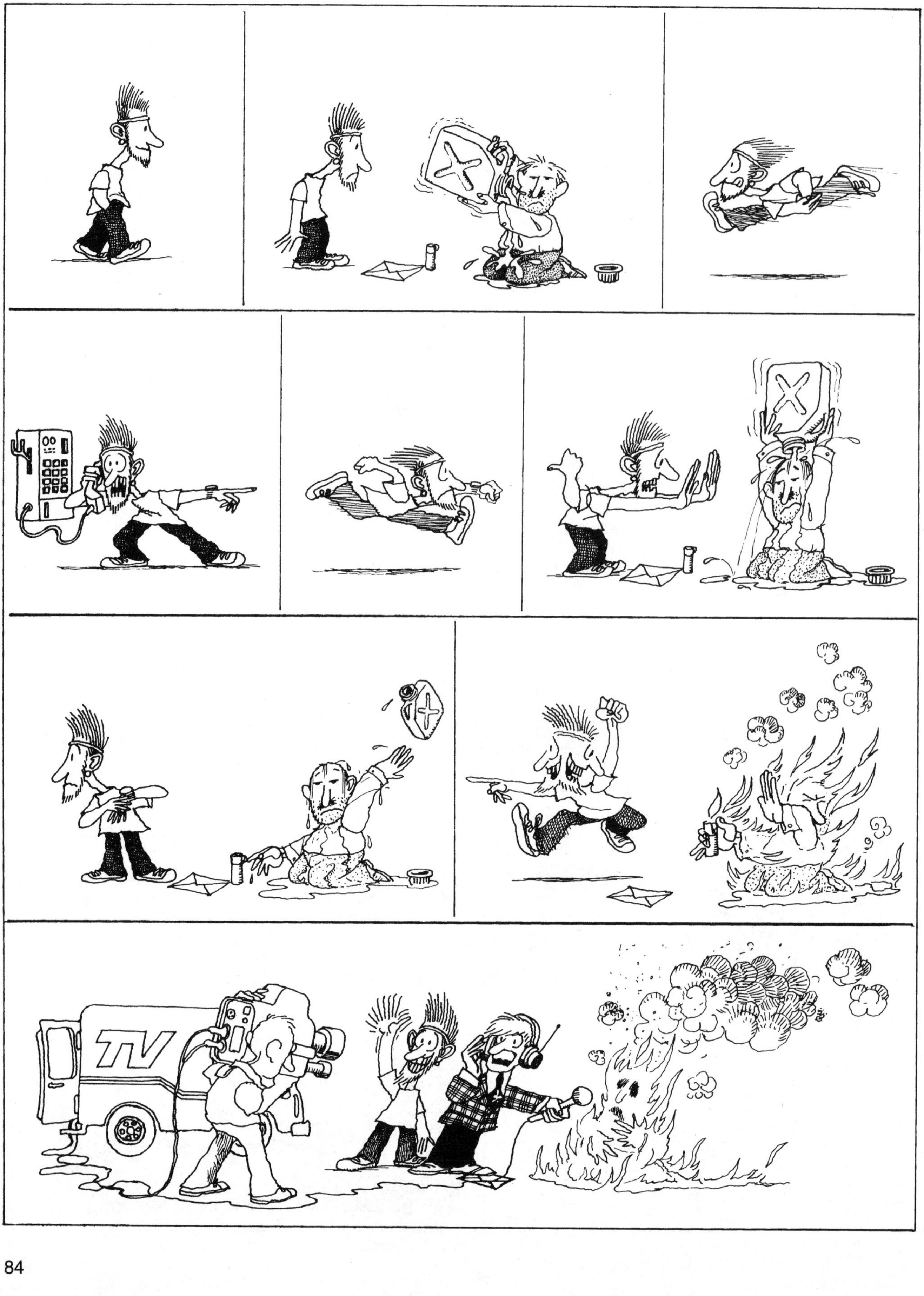
TV

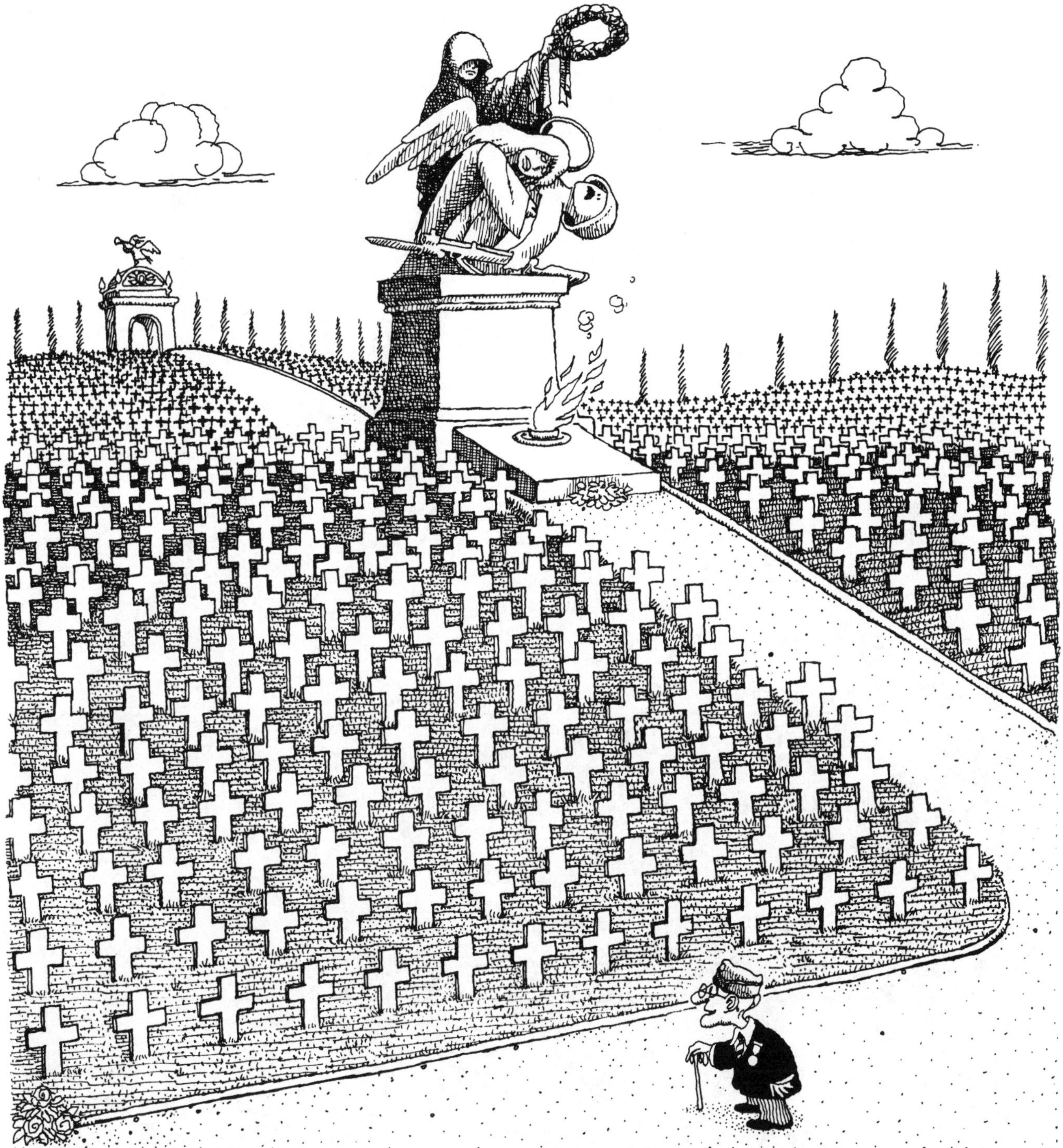

-PELEAMOS AQUÉLLA GUERRA ODIANDO AL ENEMIGO CON ENTUSIASMO JUVENIL, SIN PENSAR QUE EL ENEMIGO PODÍA LLEGAR A SER UN DÍA UN INTERESANTE MERCADO PARA NUESTROS PRODUCTOS. ¿Y POR QUÉ NO LO PENSAMOS? PORQUE NOS SENTÍAMOS MÁS UNA PATRIA QUE UN PAÍS EXPORTADOR. ¿NO ES PARA REIRSE, QUÉ POCO OLFATO TIENE UNO CUANDO ES JOVEN?

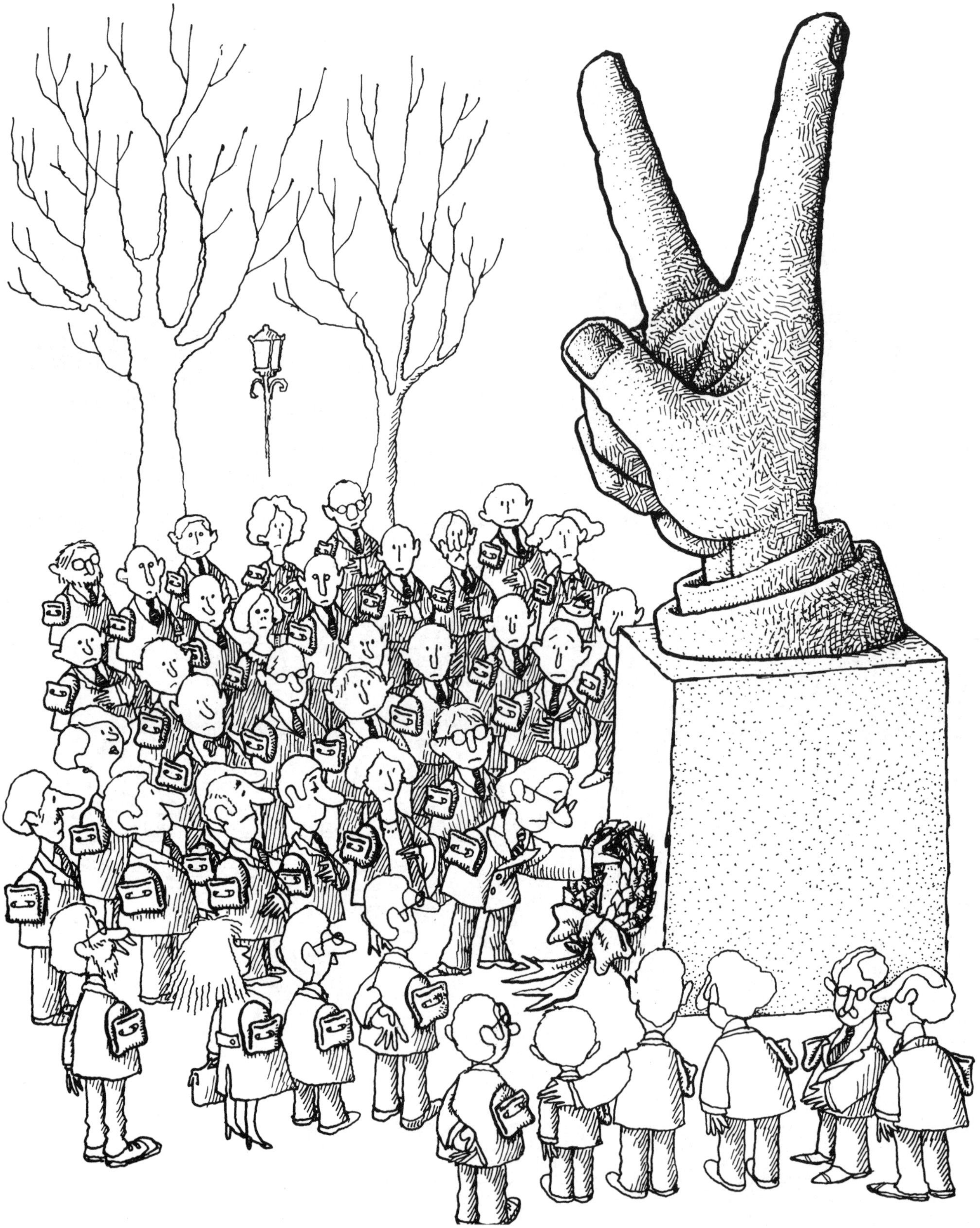

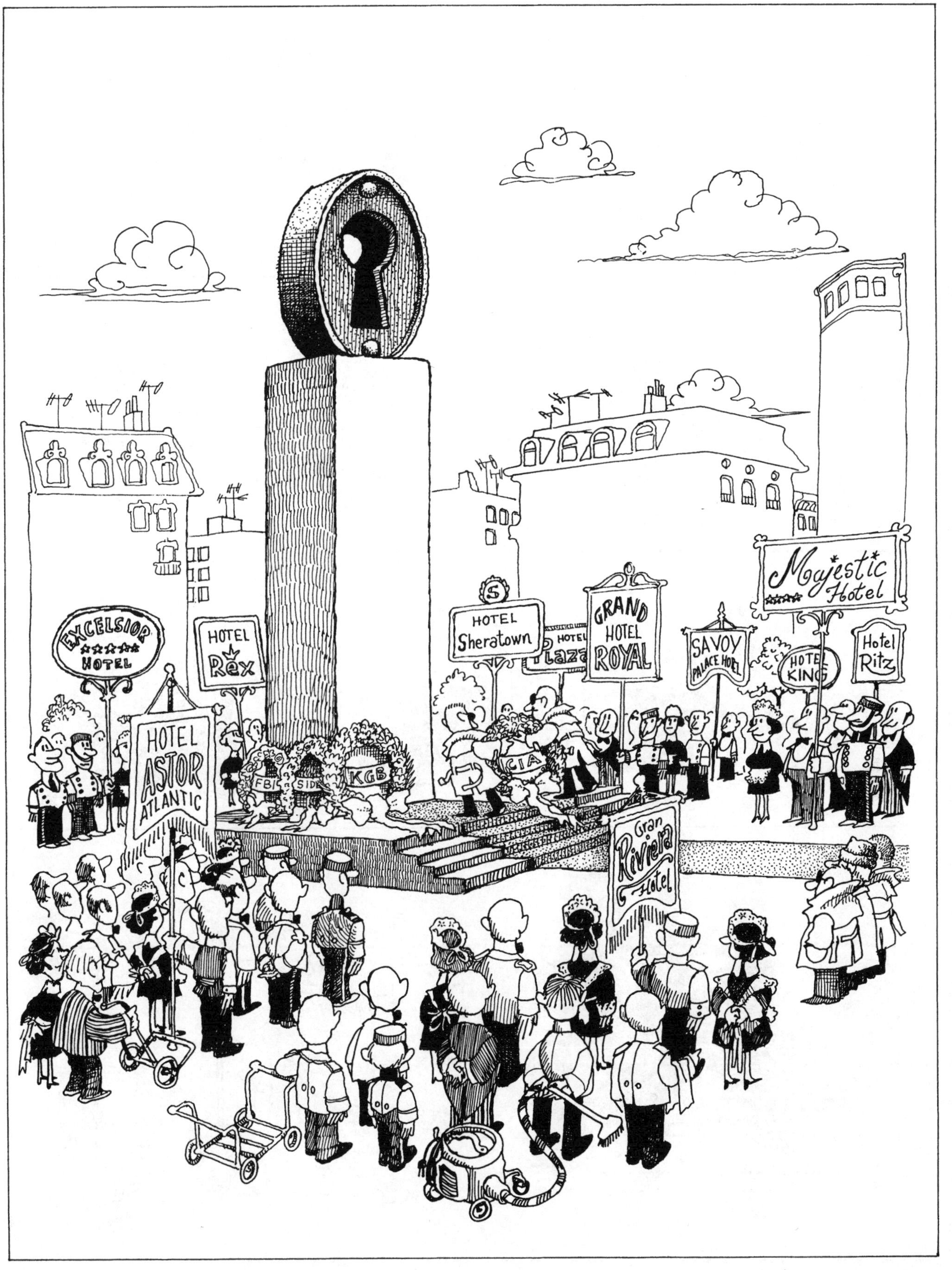
EXCELSIOR ★★★★★ HOTEL
HOTEL Rex
HOTEL Sheratown
HOTEL Plaza
GRAND HOTEL ROYAL
SAVOY PALACE HOTEL
Majestic Hotel
HOTEL KING
Hotel Ritz
HOTEL ASTOR ATLANTIC
FBI
SIDE
KGB
CIA
Gran Riviera Hotel

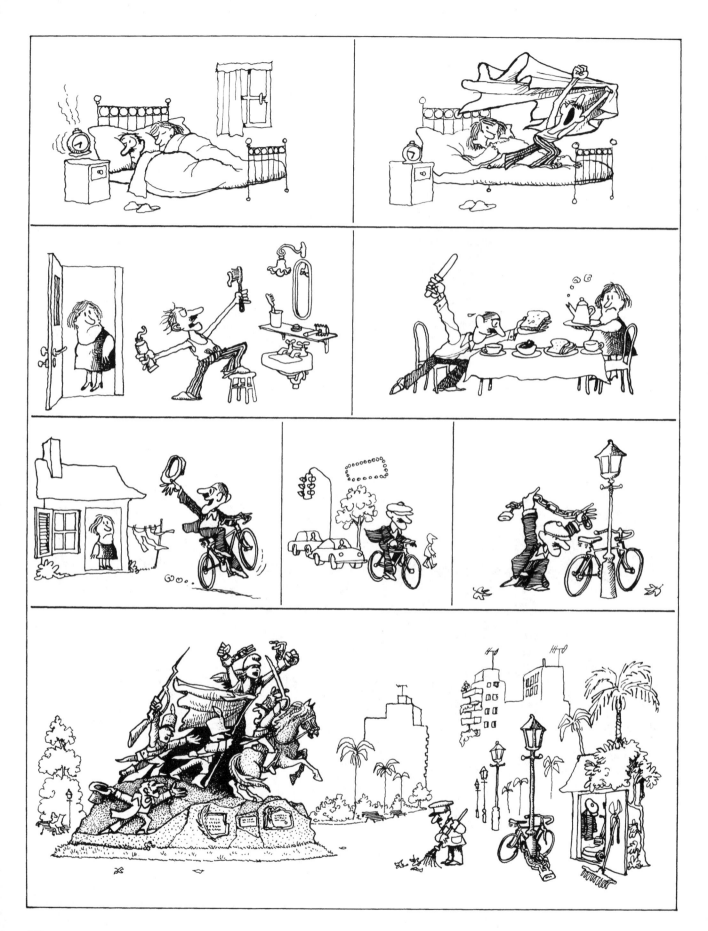

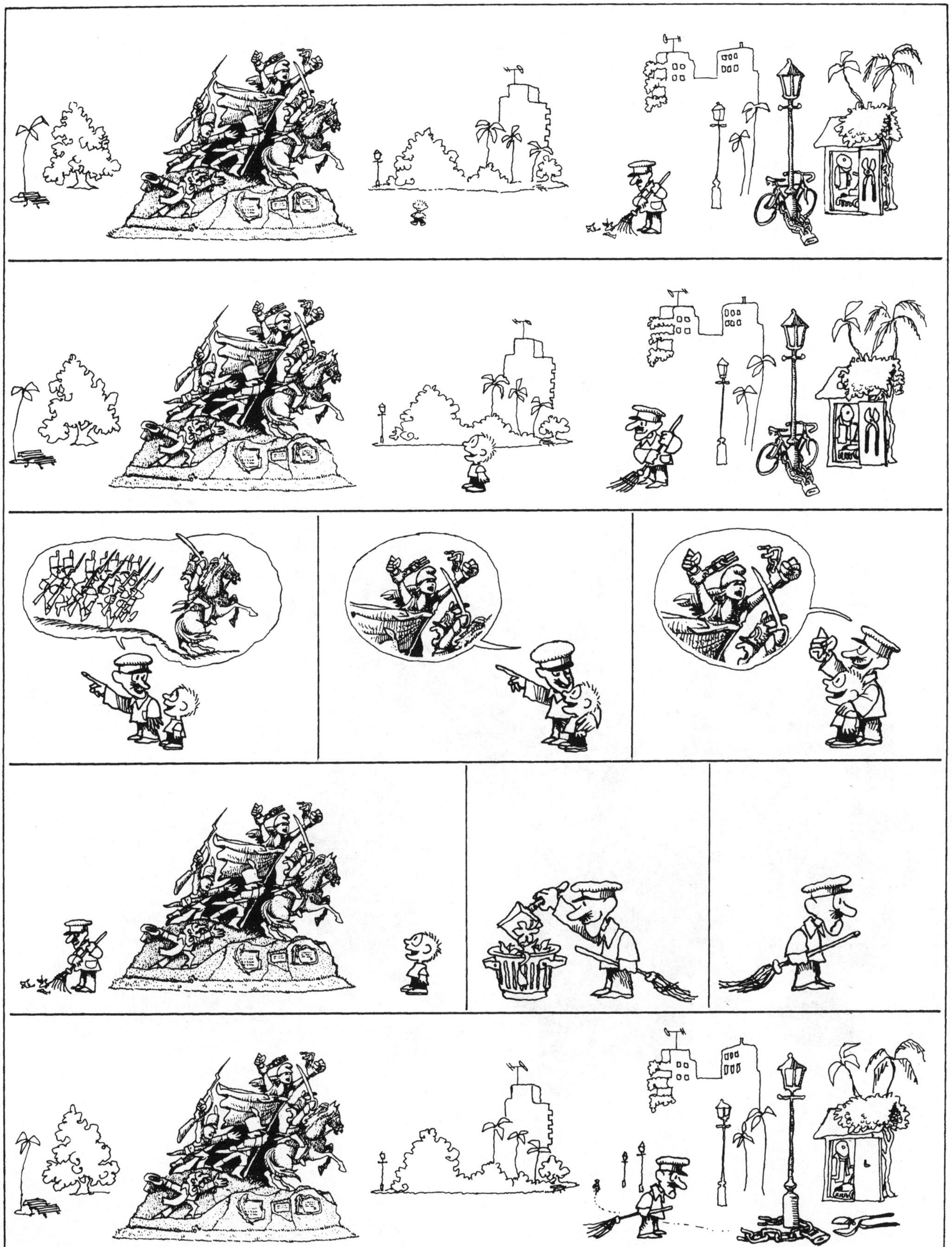

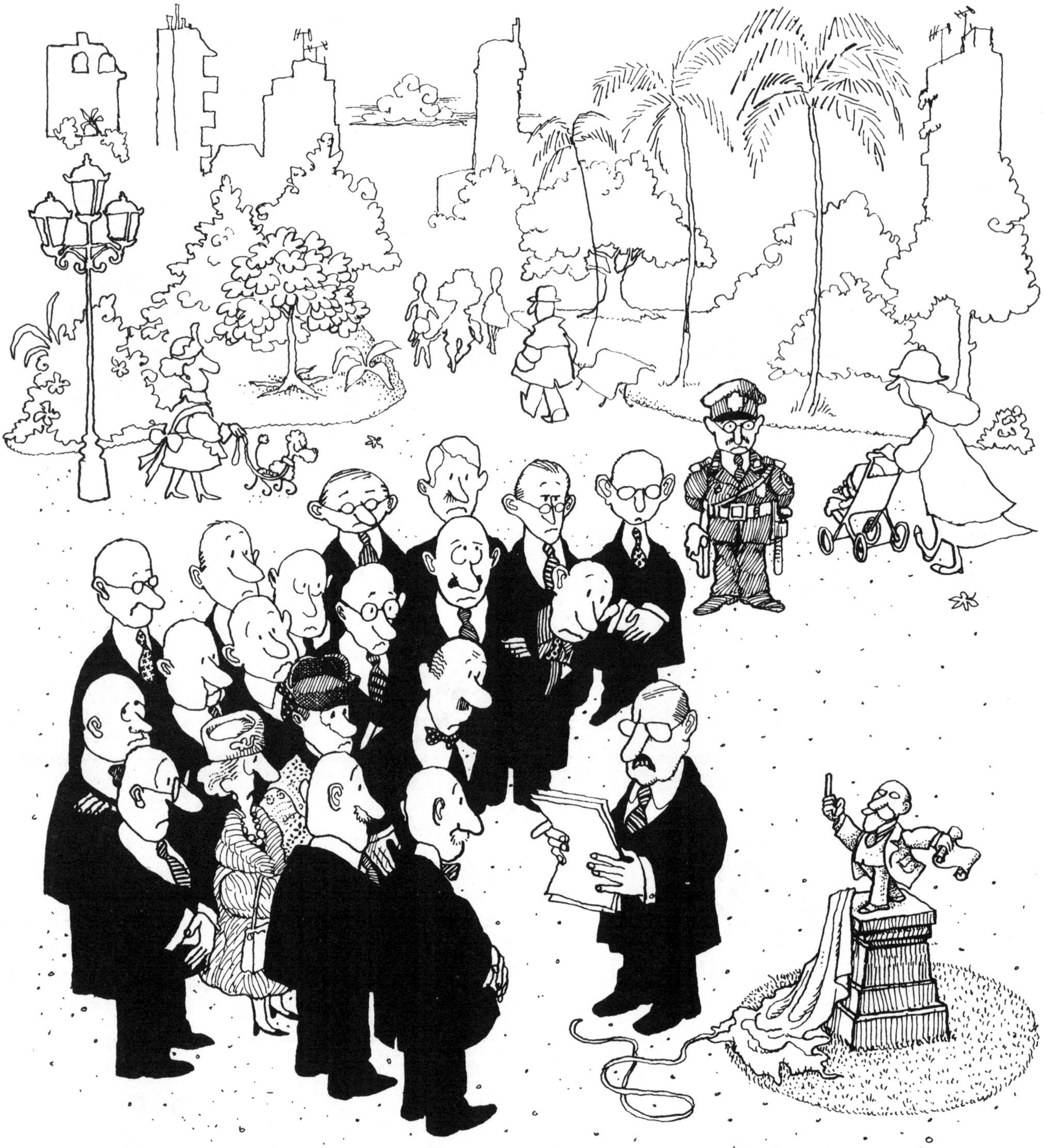

—...NI EL APOYO ESPERADO!

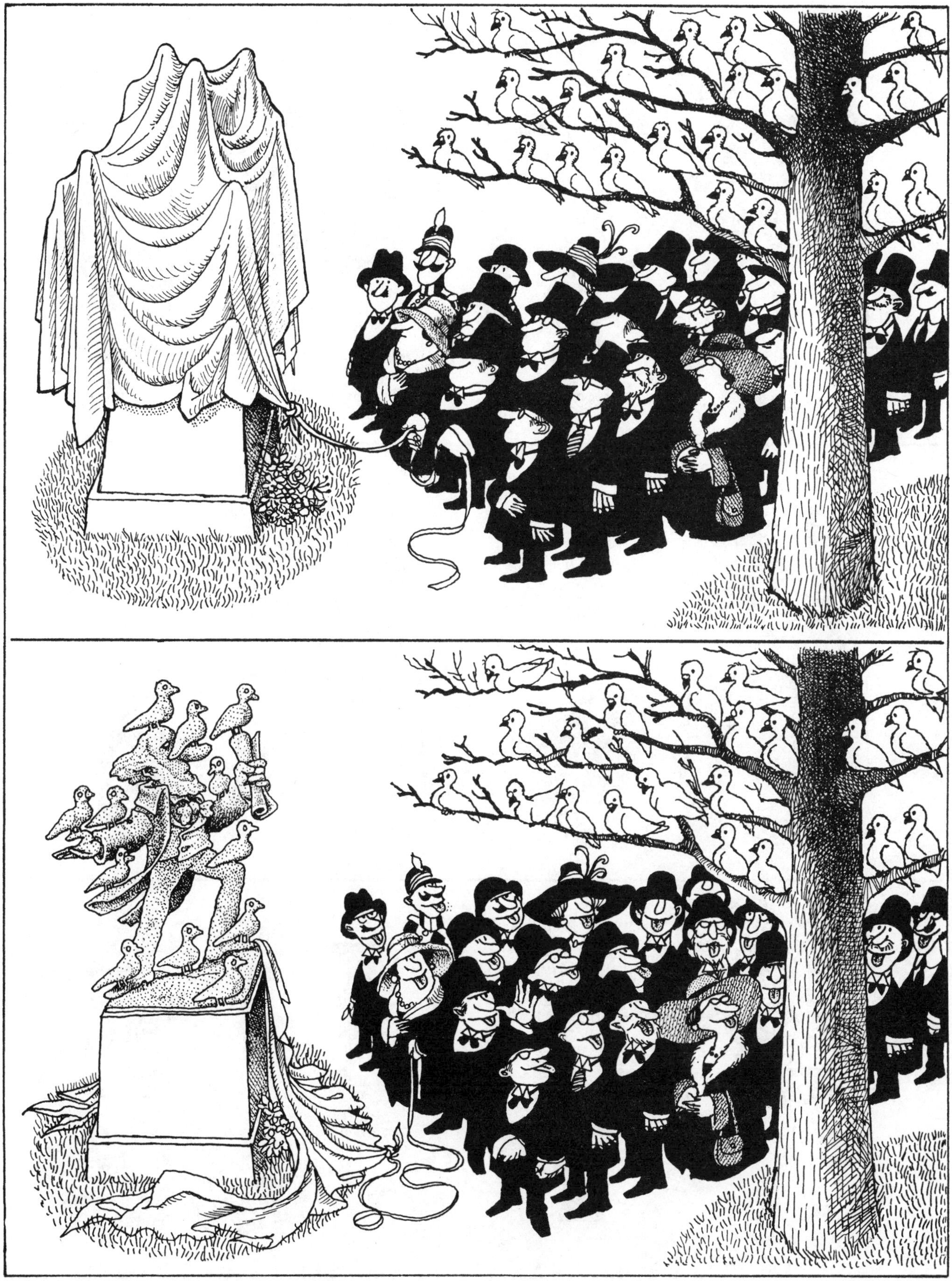

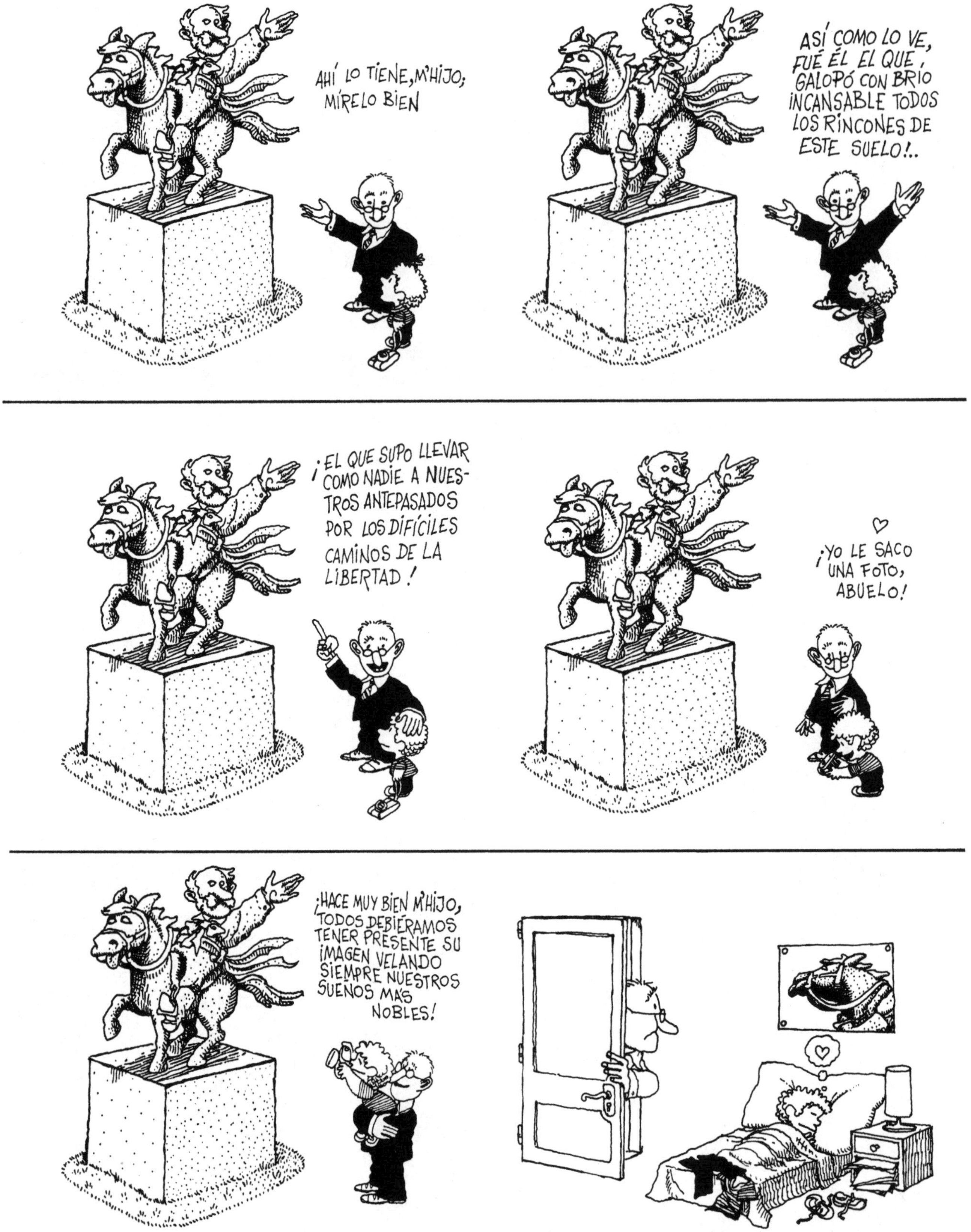
AHÍ LO TIENE, M'HIJO; MÍRELO BIEN
ASÍ COMO LO VE, FUÉ ÉL EL QUE, GALOPÓ CON BRÍO INCANSABLE TODOS LOS RINCONES DE ESTE SUELO!..
¡EL QUE SUPO LLEVAR COMO NADIE A NUESTROS ANTEPASADOS POR LOS DIFÍCILES CAMINOS DE LA LIBERTAD!
¡YO LE SACO UNA FOTO, ABUELO!
¡HACE MUY BIEN M'HIJO, TODOS DEBIÉRAMOS TENER PRESENTE SU IMAGEN VELANDO SIEMPRE NUESTROS SUEÑOS MAS NOBLES!

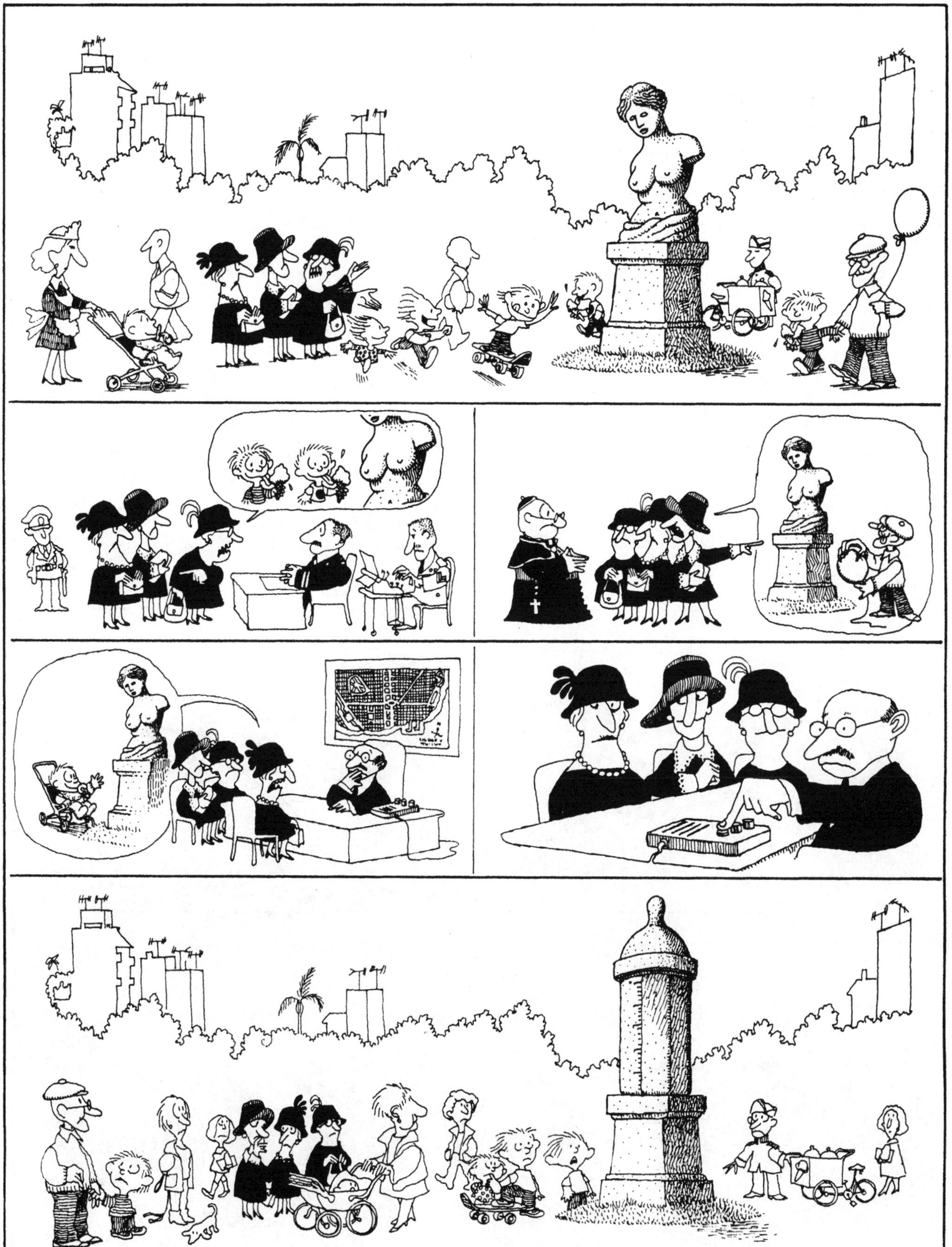

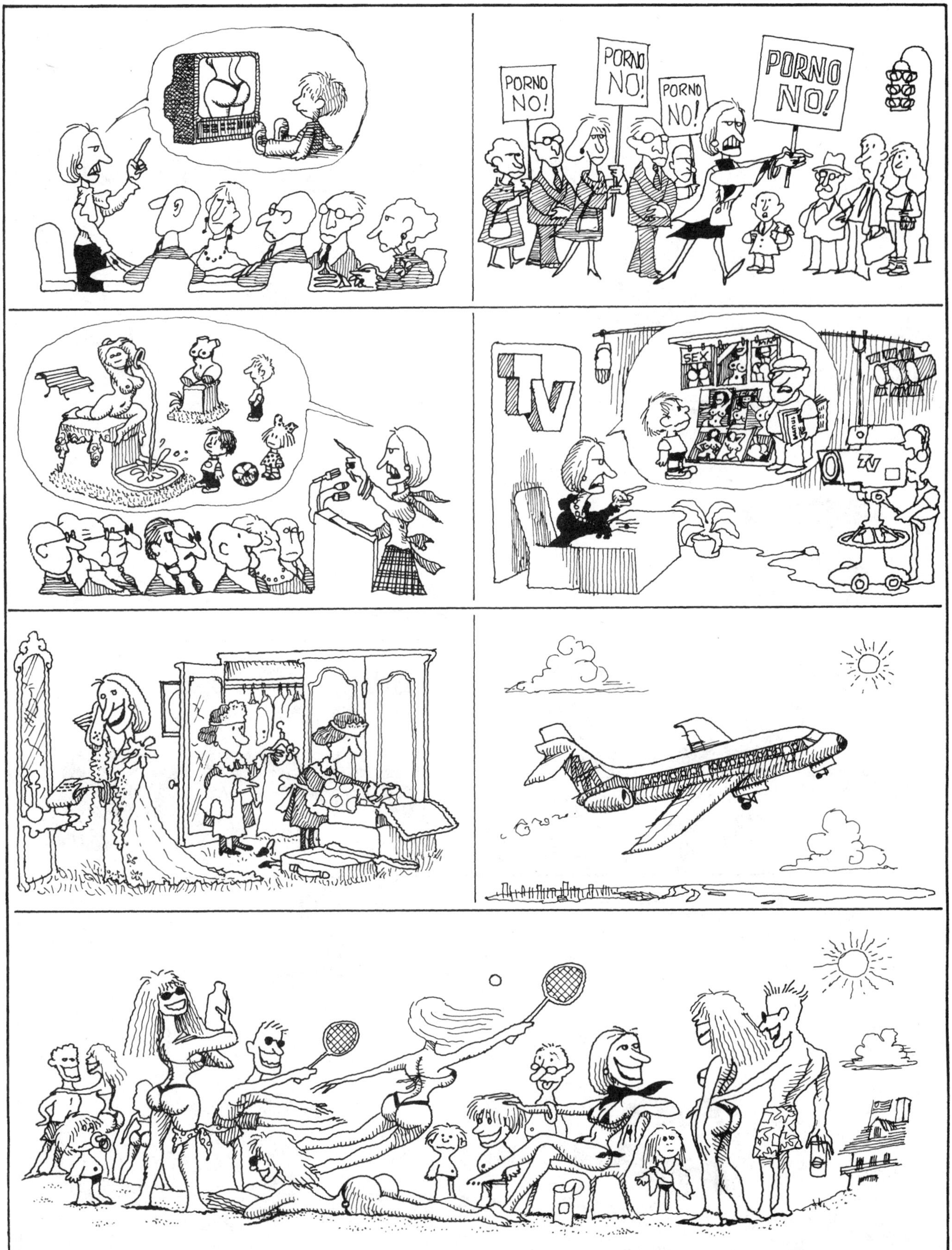
PORNO NO!
PORNO NO!
PORNO NO!
PORNO NO!
TV
SEX
TV

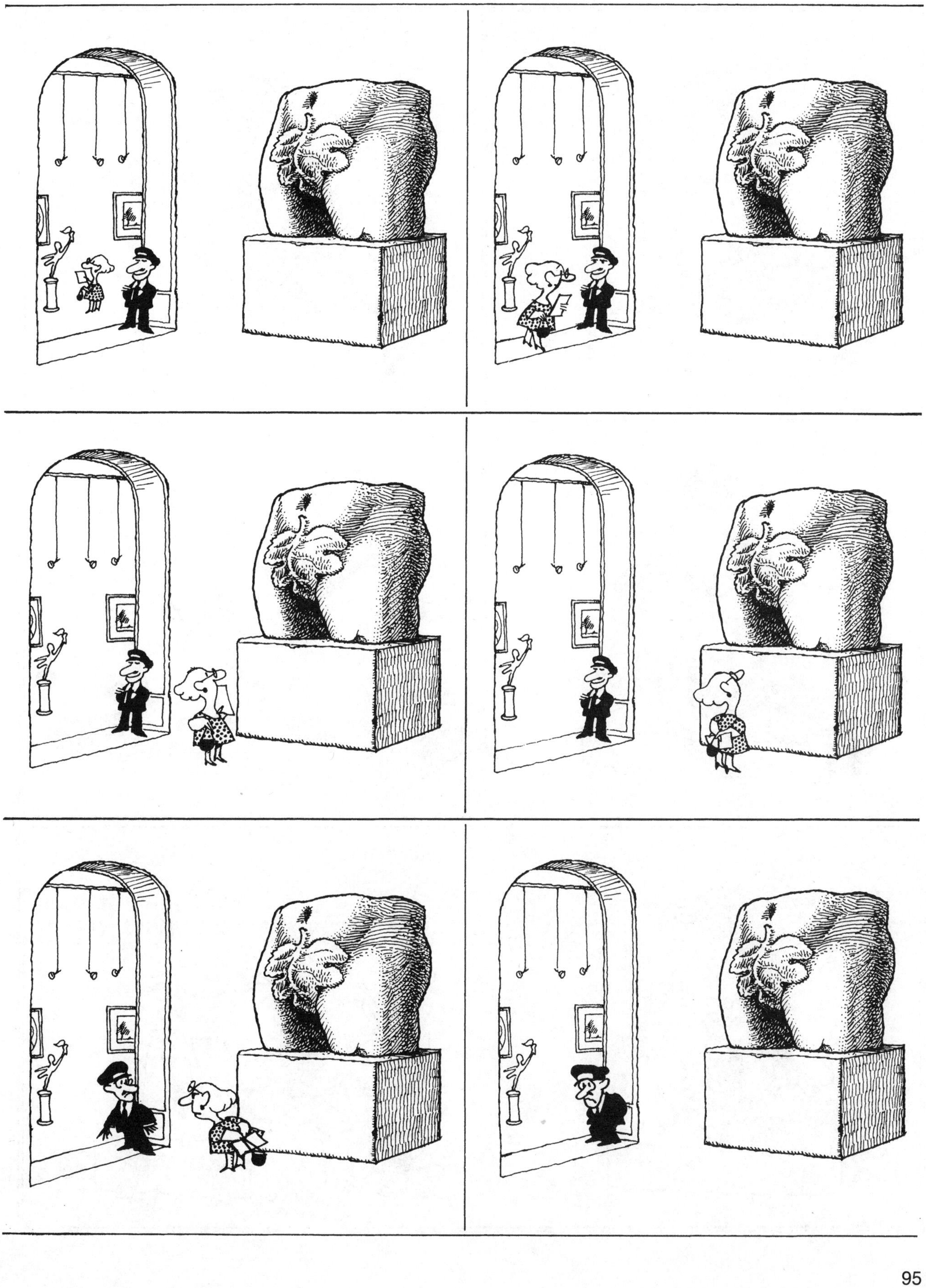

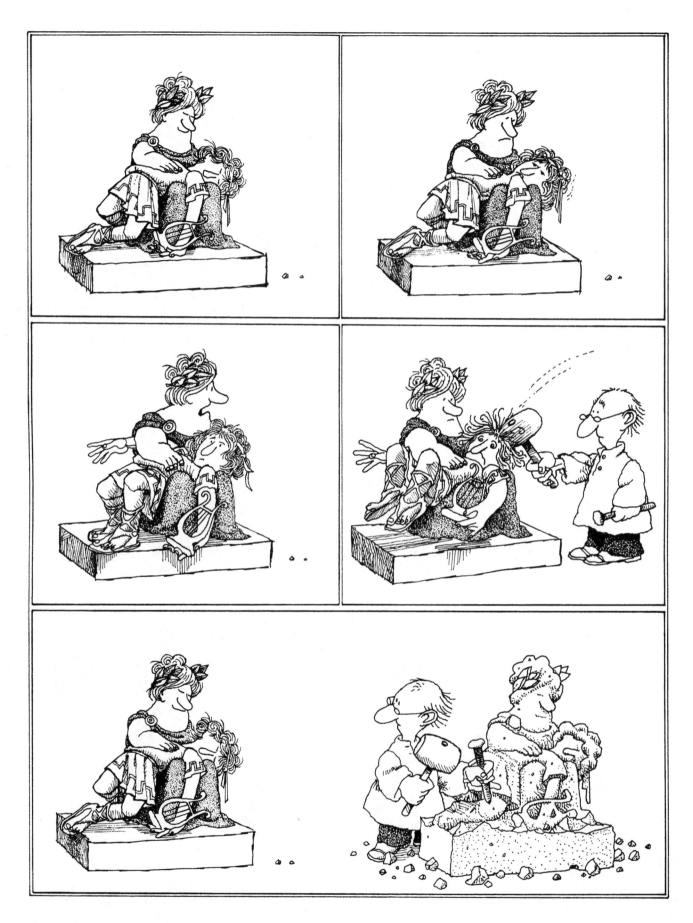

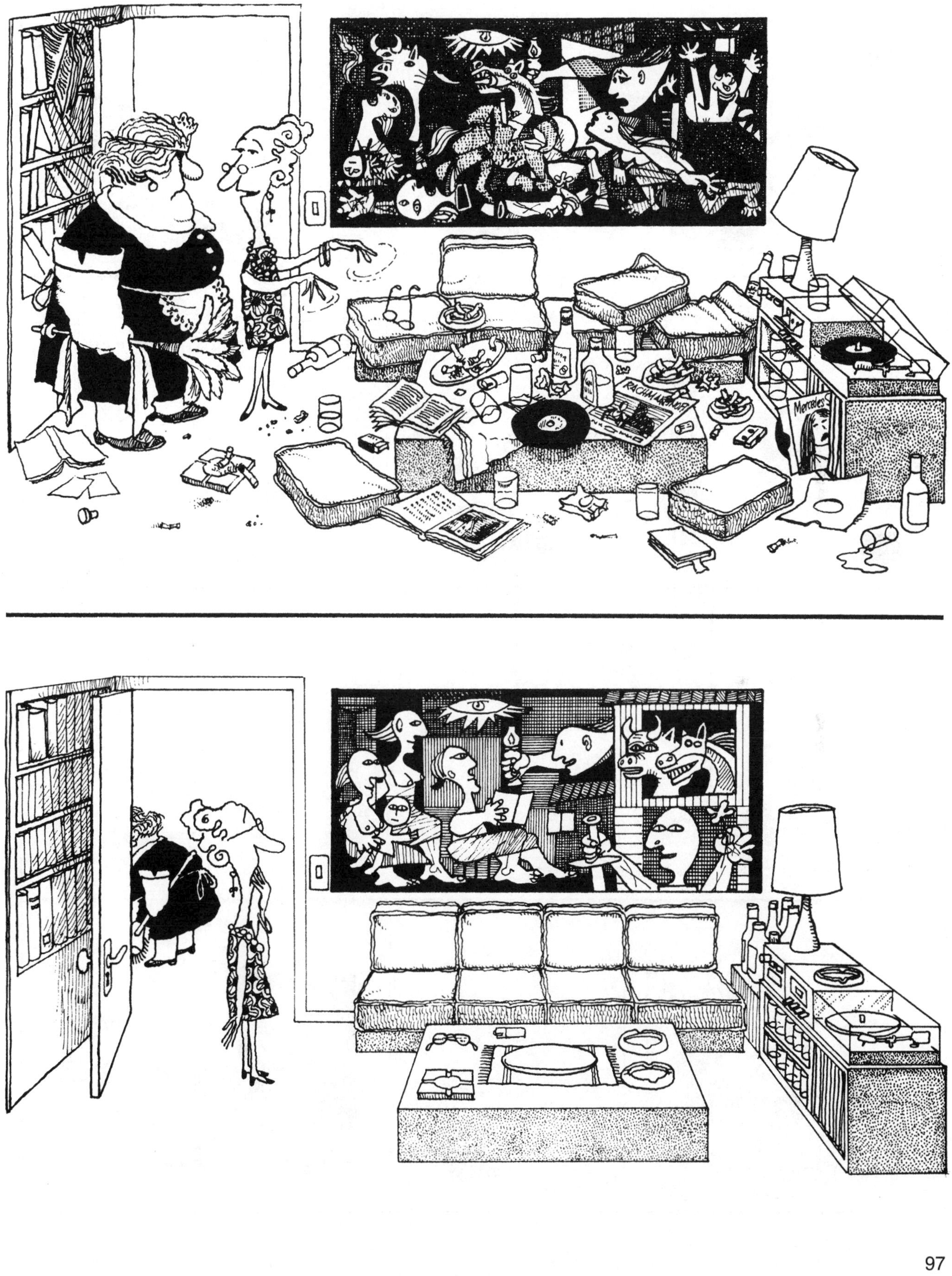
Mercedes

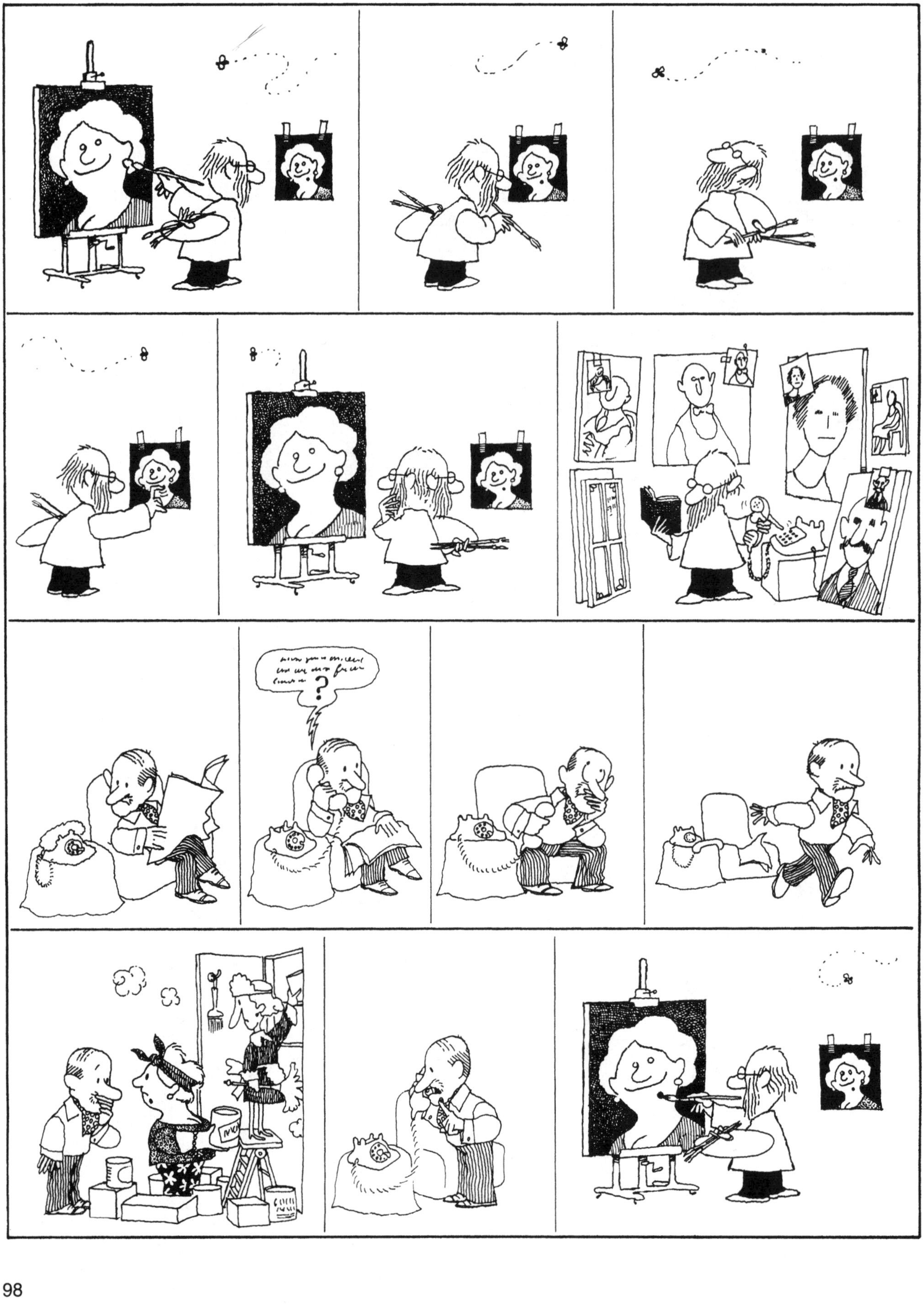
?

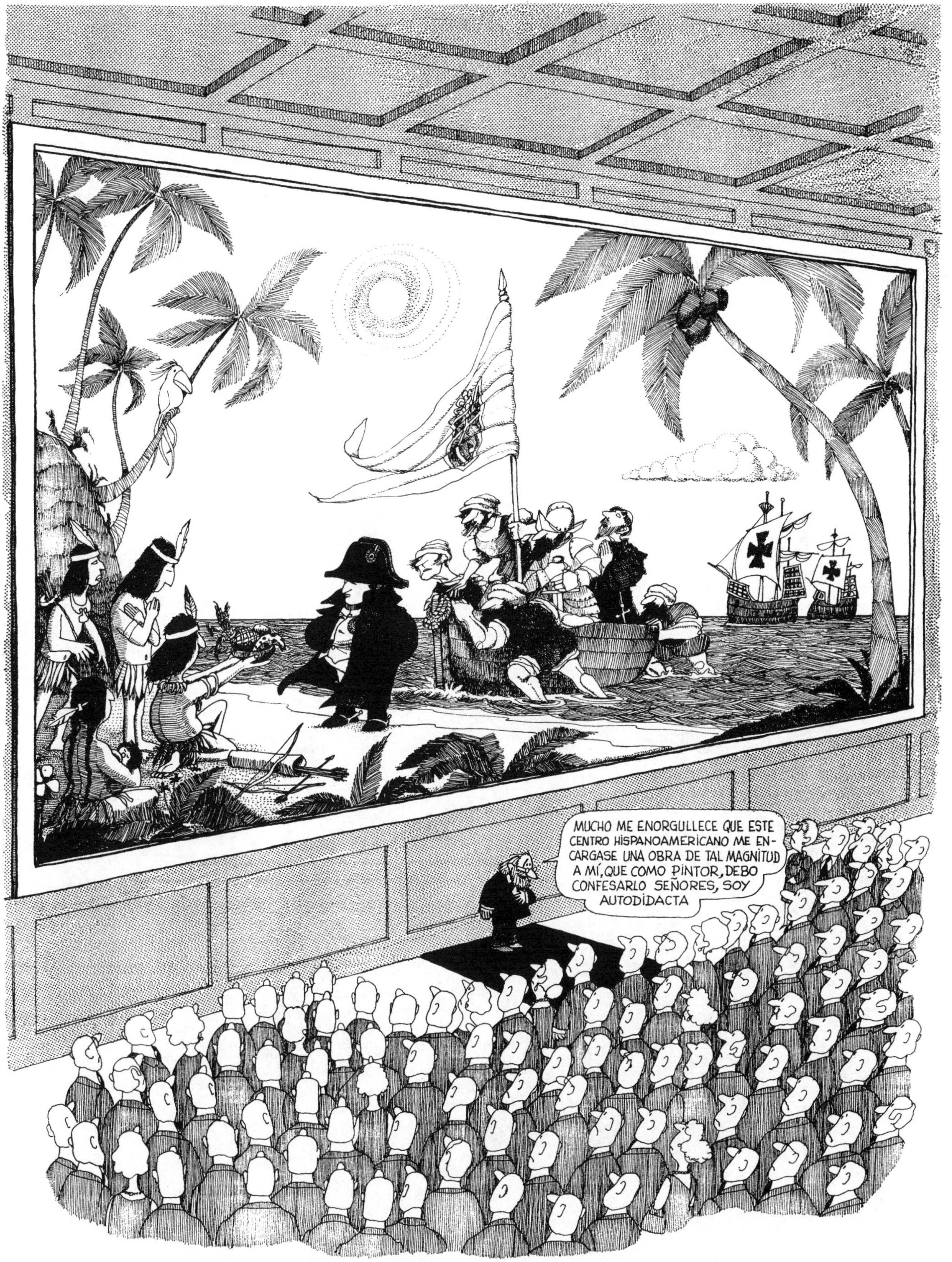
MUCHO ME ENORGULLECE QUE ESTE CENTRO HISPANOAMERICANO ME ENCARGASE UNA OBRA DE TAL MAGNITUD A MÍ, QUE COMO PINTOR, DEBO CONFESARLO SEÑORES, SOY AUTODIDACTA

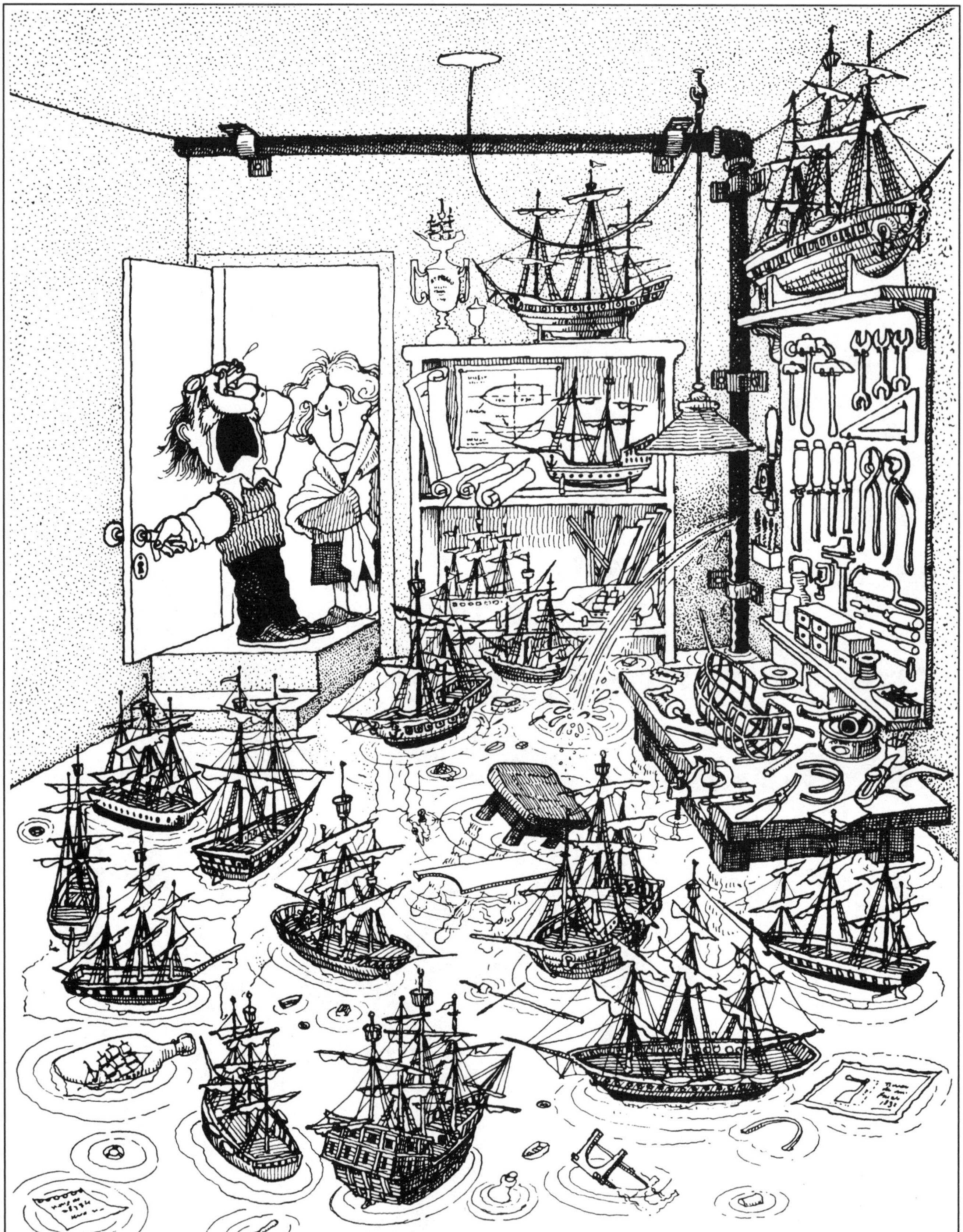

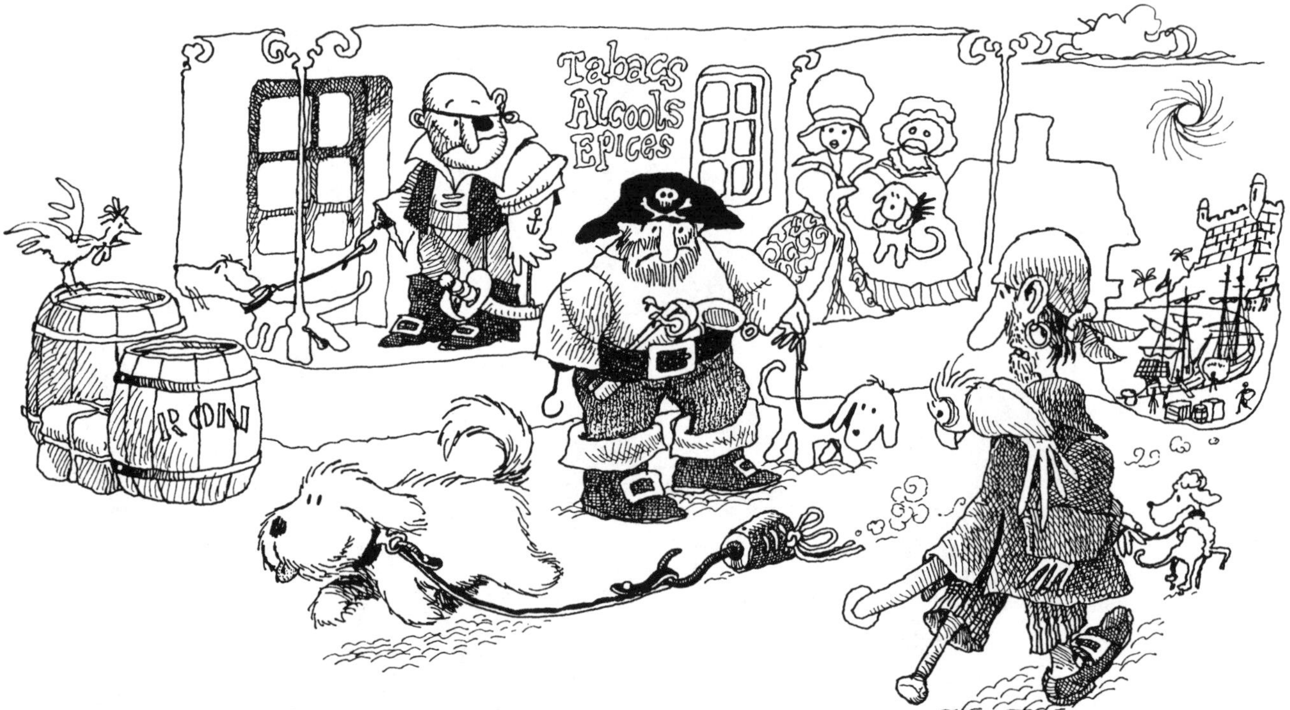
Tabacs
Alcools
Epices
RON

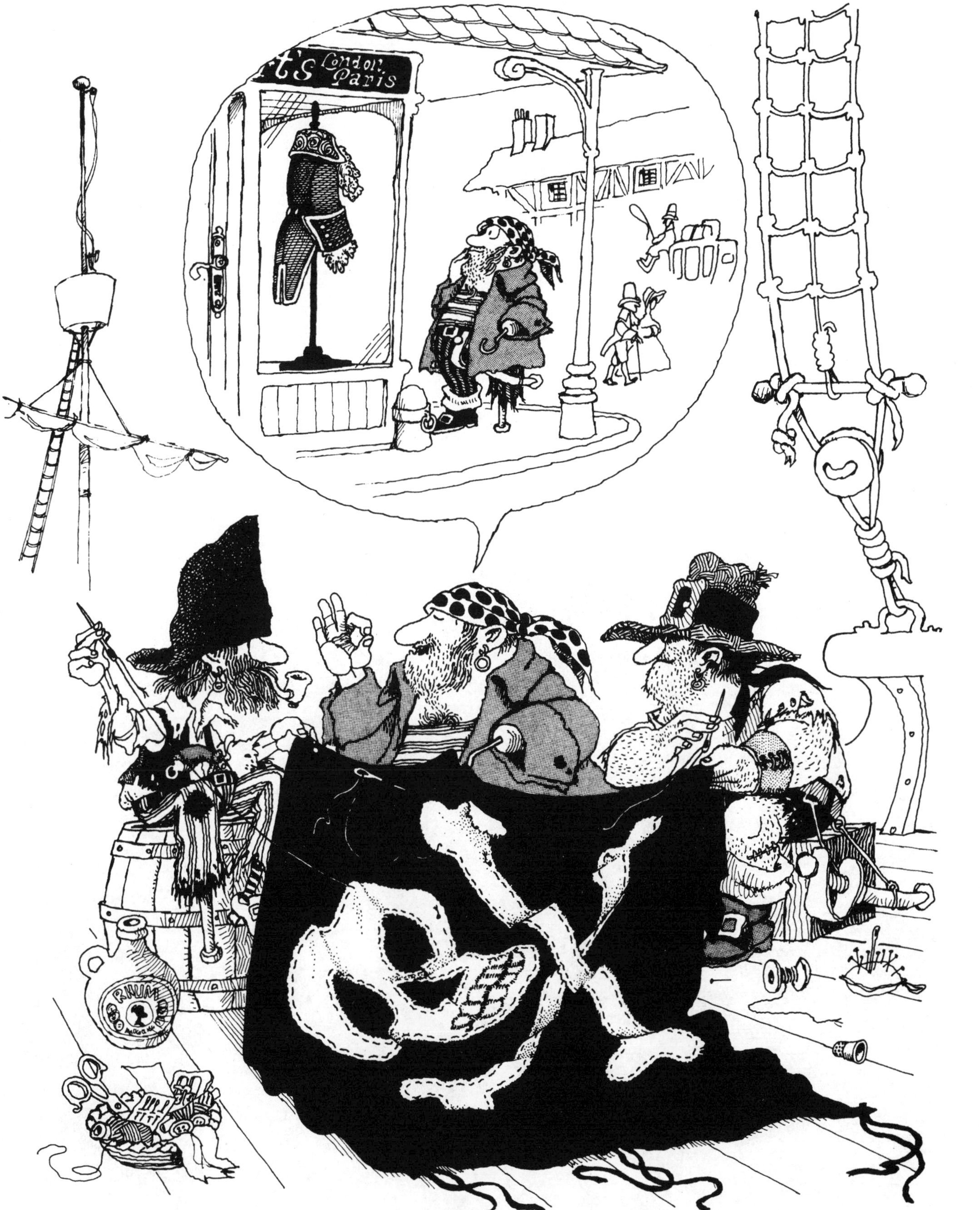
London
Paris
RHUM

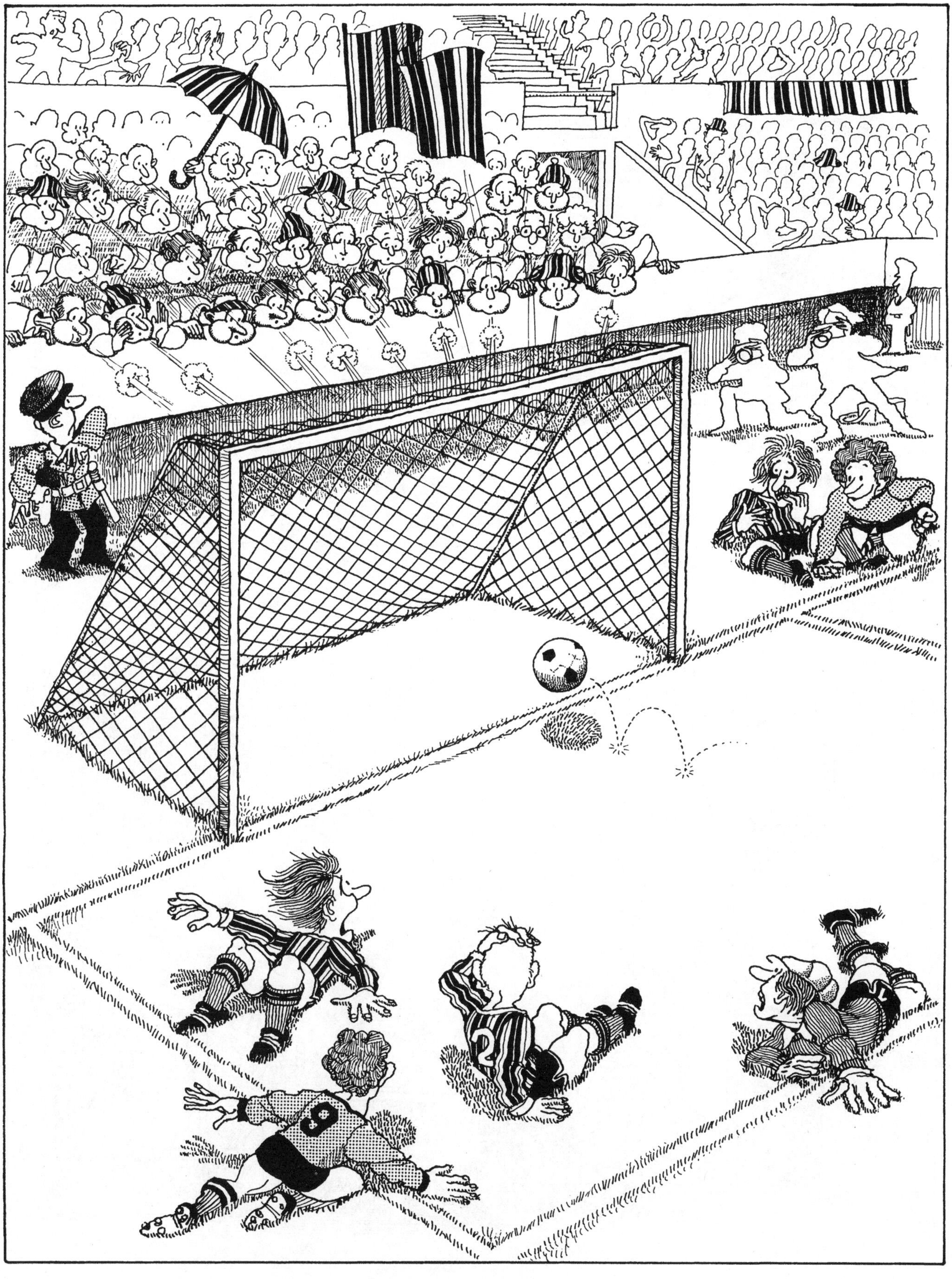

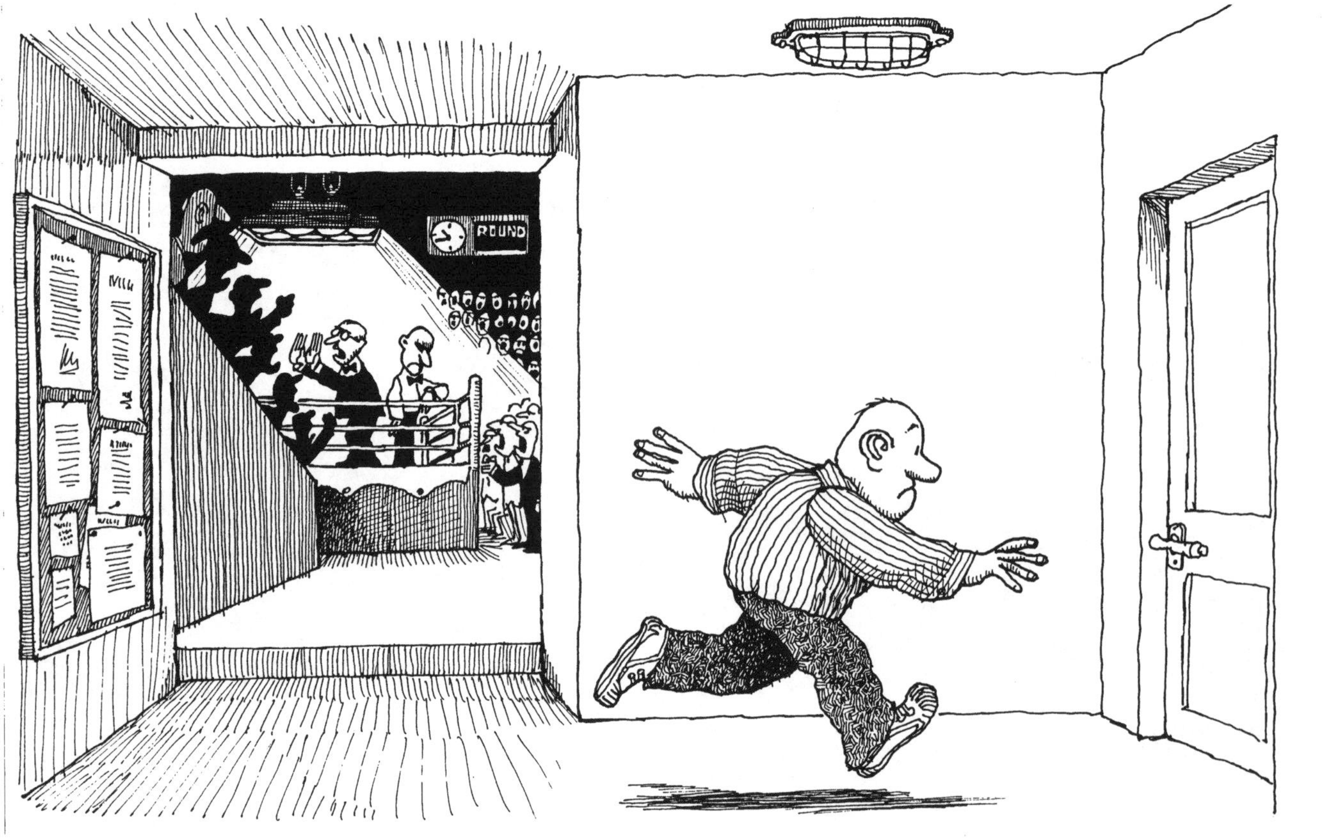
ROUND

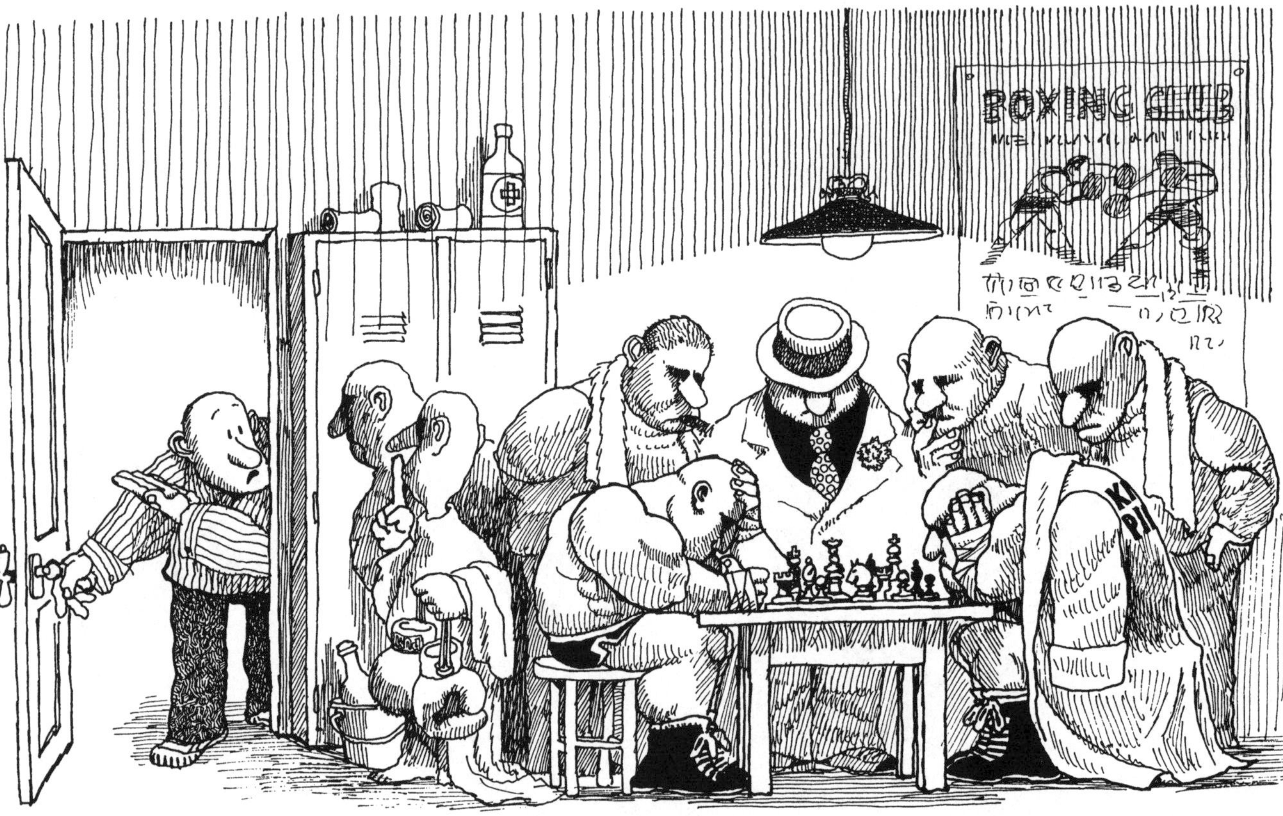
BOXING CLUB

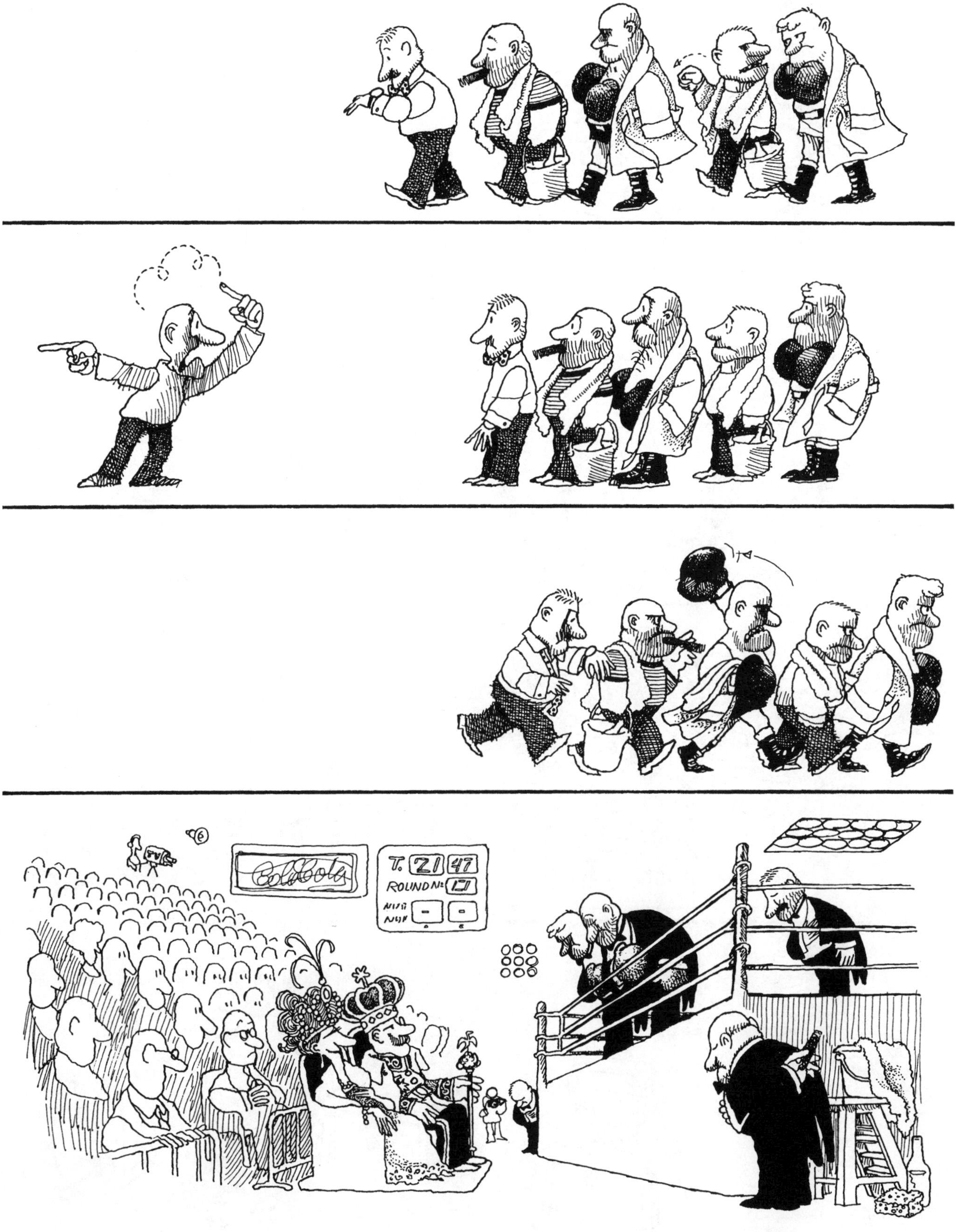
T. 21 47
ROUND N: 1

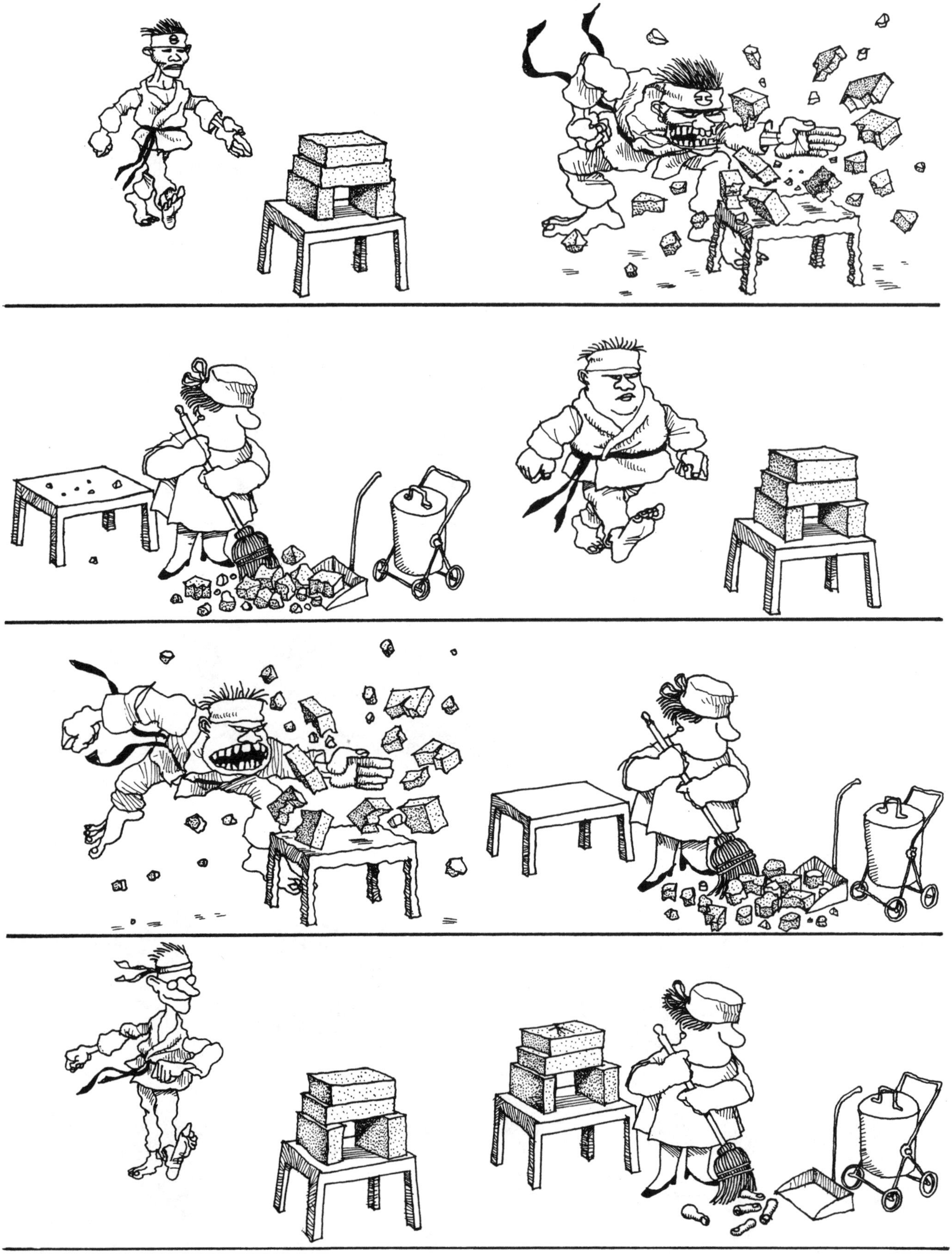

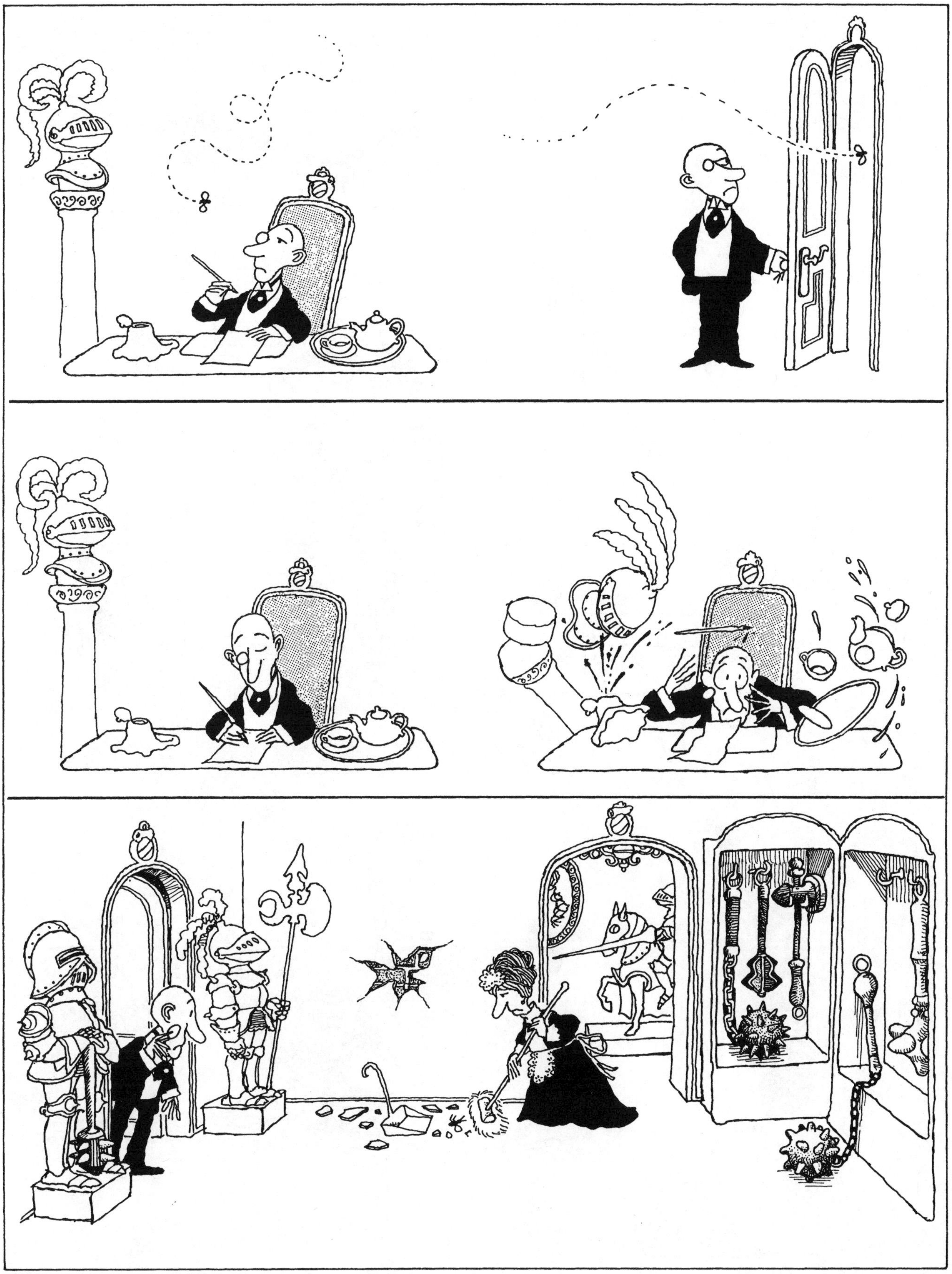

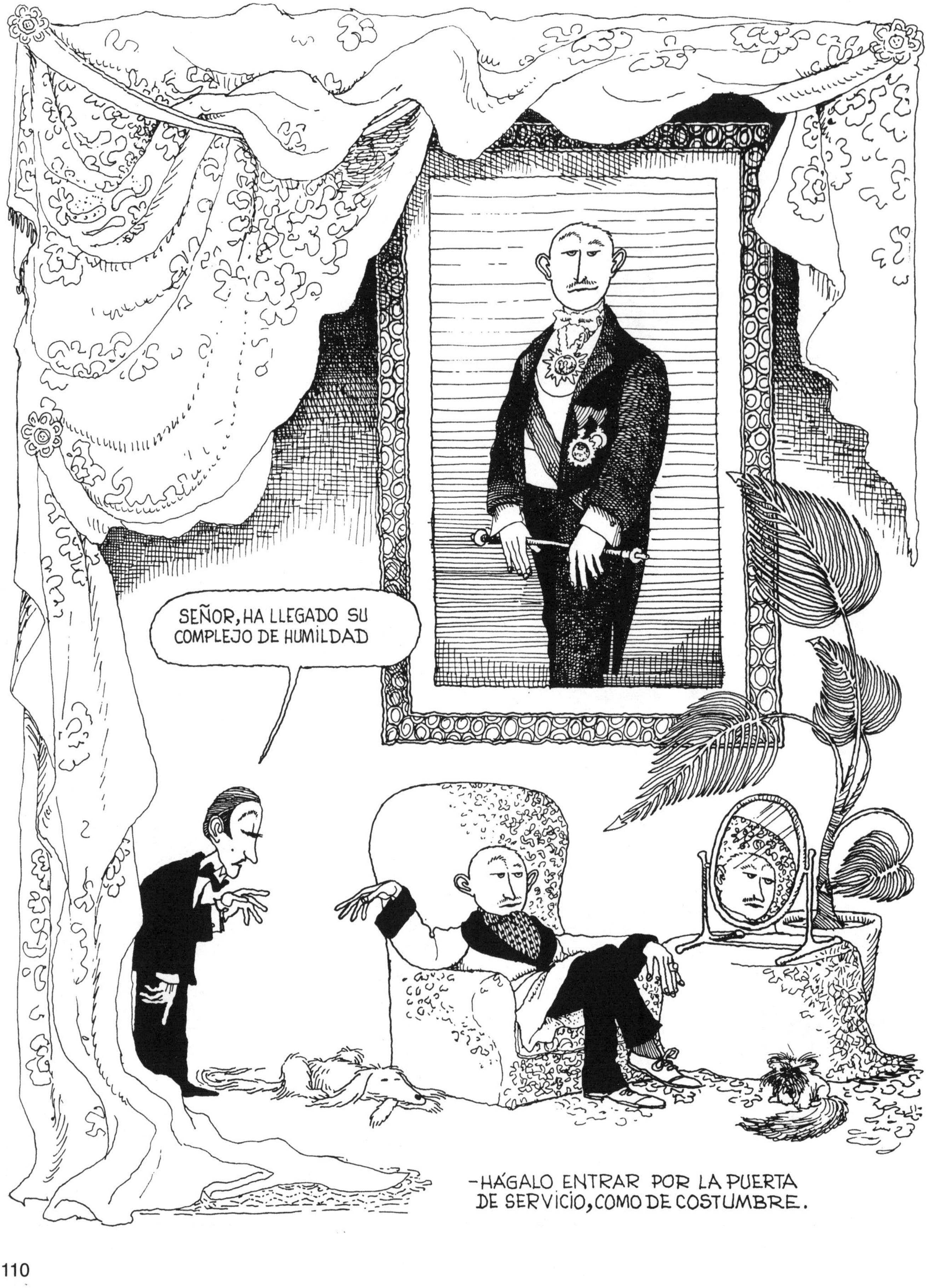
SEÑOR, HA LLEGADO SU COMPLEJO DE HUMILDAD
-HÁGALO ENTRAR POR LA PUERTA DE SERVICIO, COMO DE COSTUMBRE.

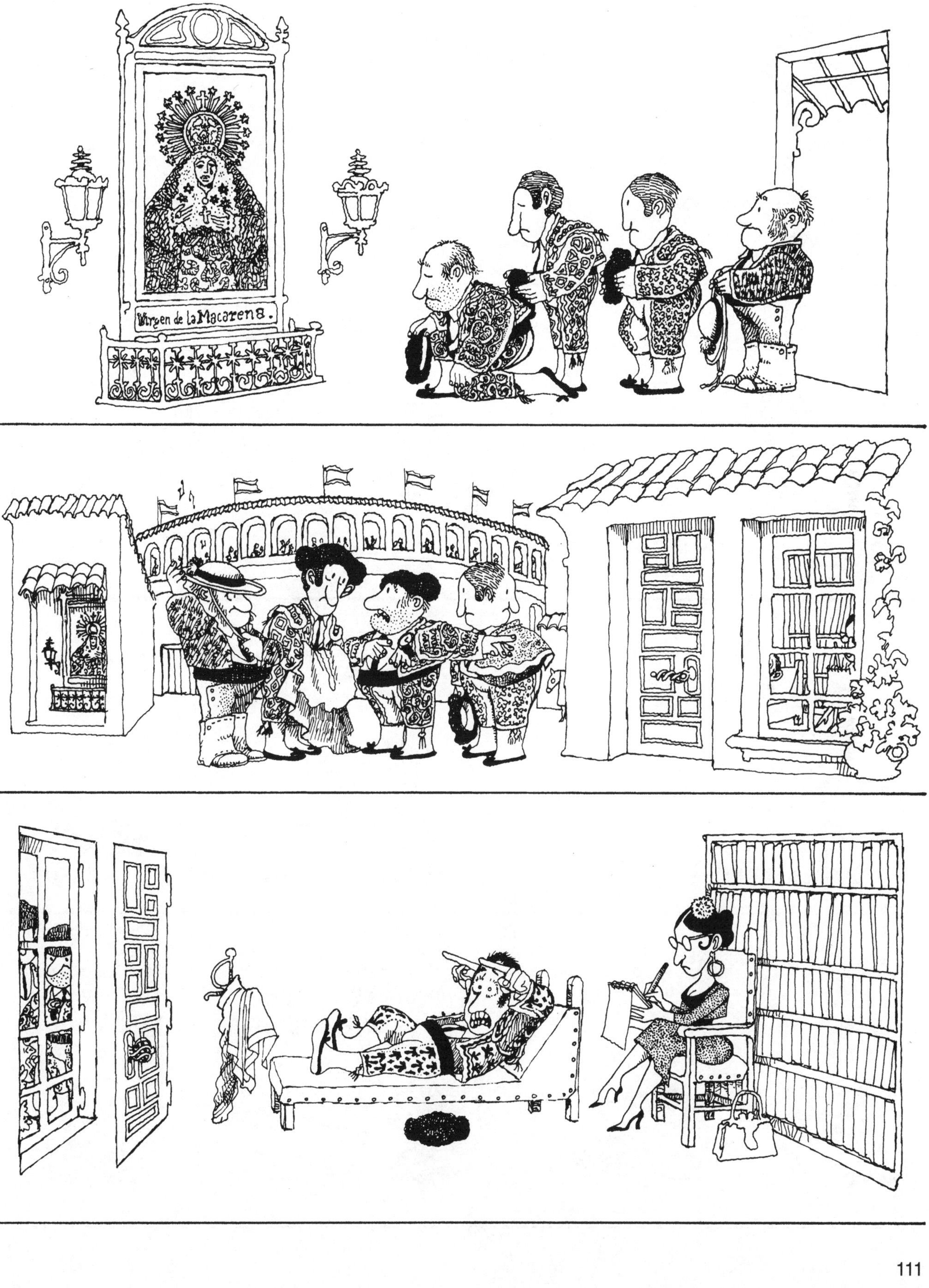
Virgen de la Macarena.

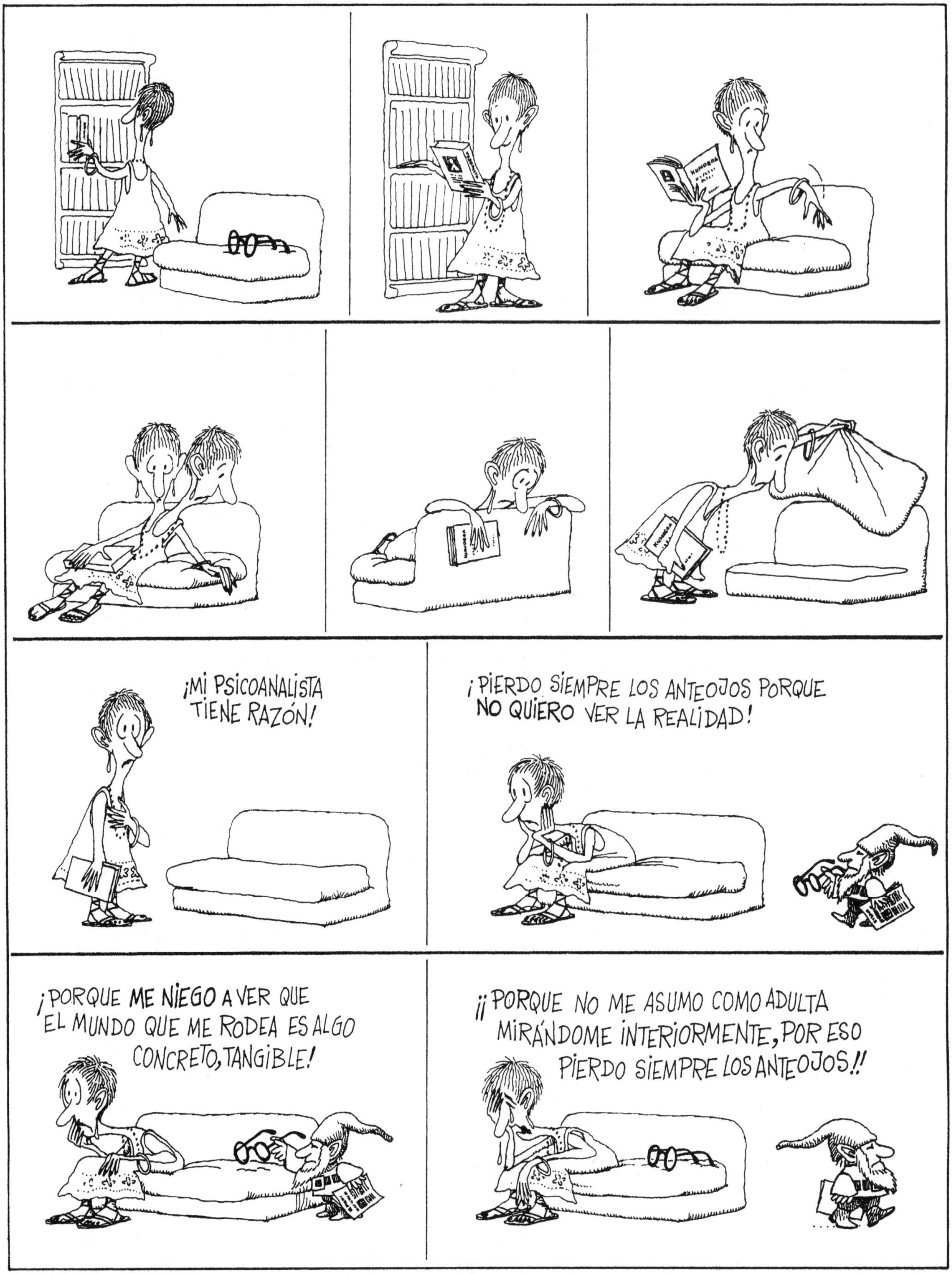
¡MI PSICOANALISTA TIENE RAZÓN!
¡PIERDO SIEMPRE LOS ANTEOJOS PORQUE NO QUIERO VER LA REALIDAD!
¡PORQUE ME NIEGO A VER QUE EL MUNDO QUE ME RODEA ES ALGO CONCRETO, TANGIBLE!
¡¡PORQUE NO ME ASUMO COMO ADULTA MIRÁNDOME INTERIORMENTE, POR ESO PIERDO SIEMPRE LOS ANTEOJOS!!

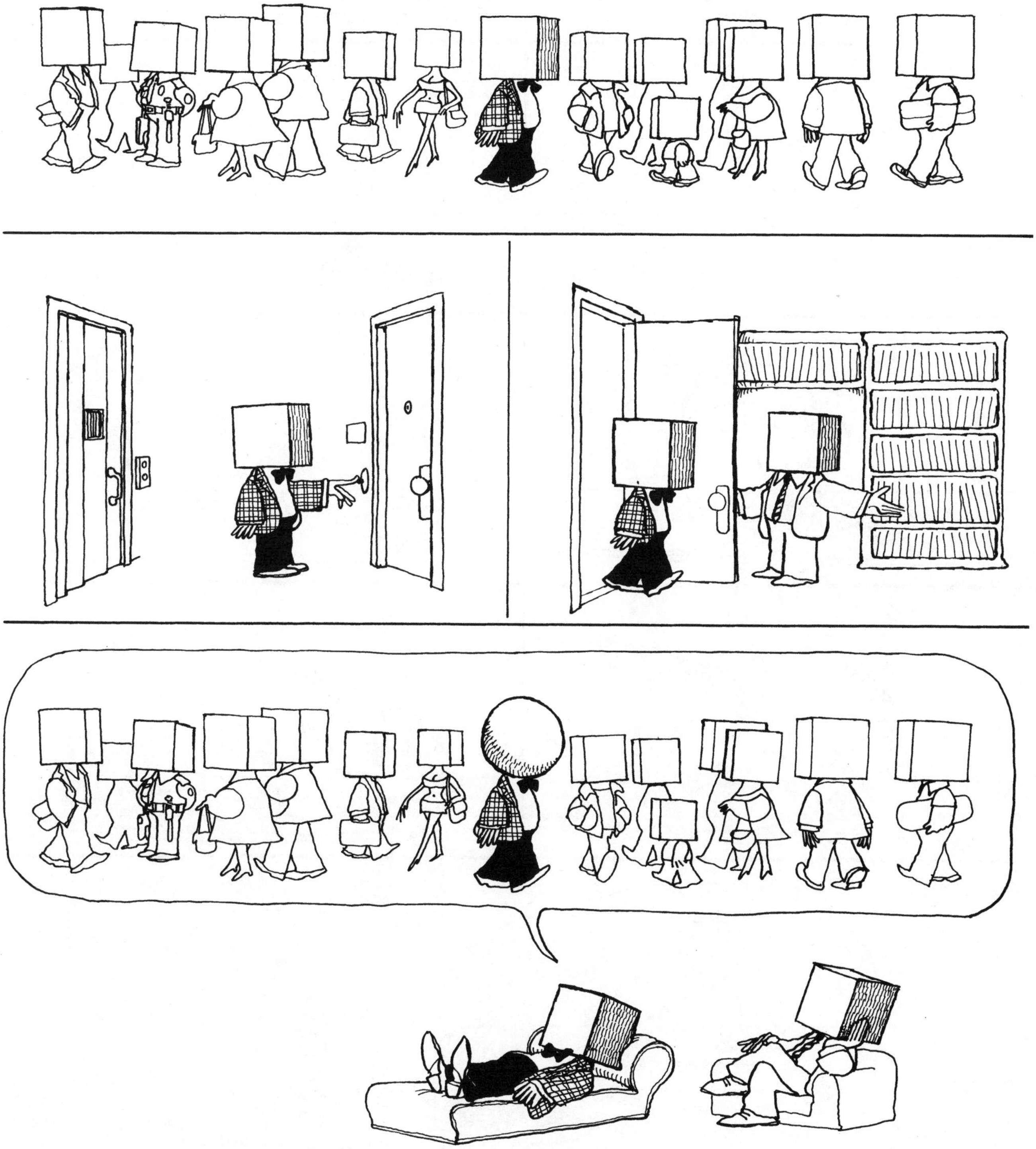

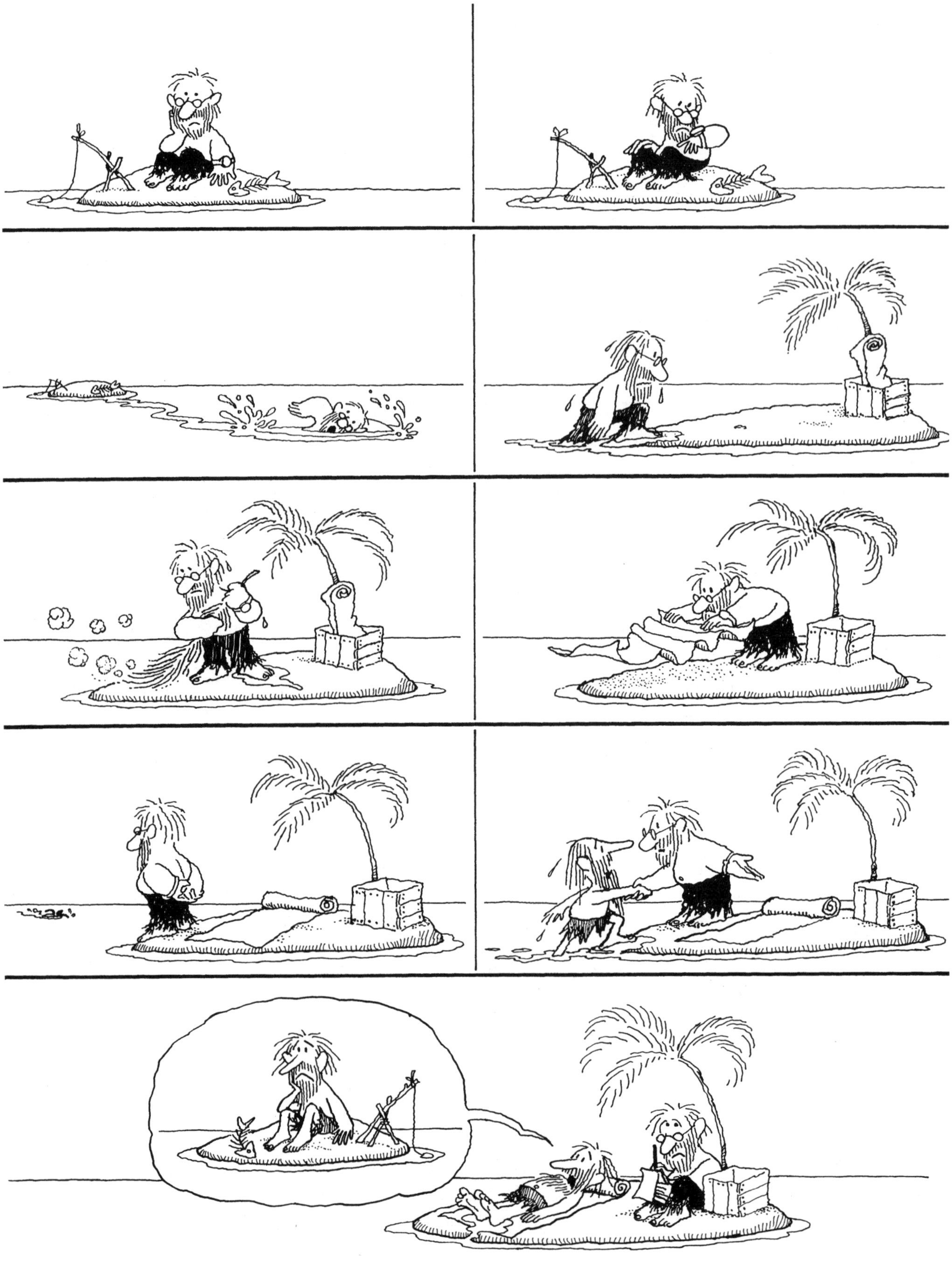

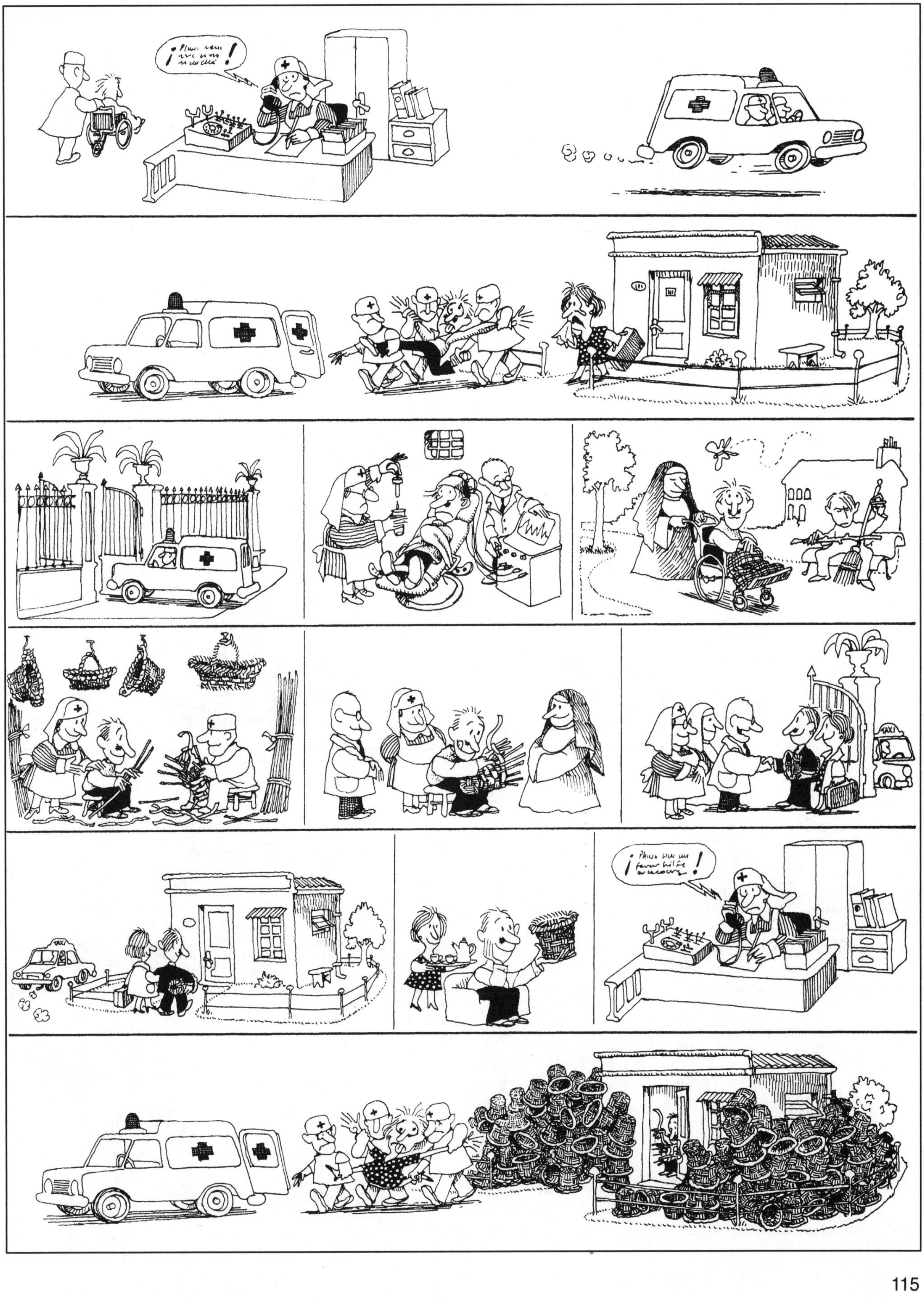

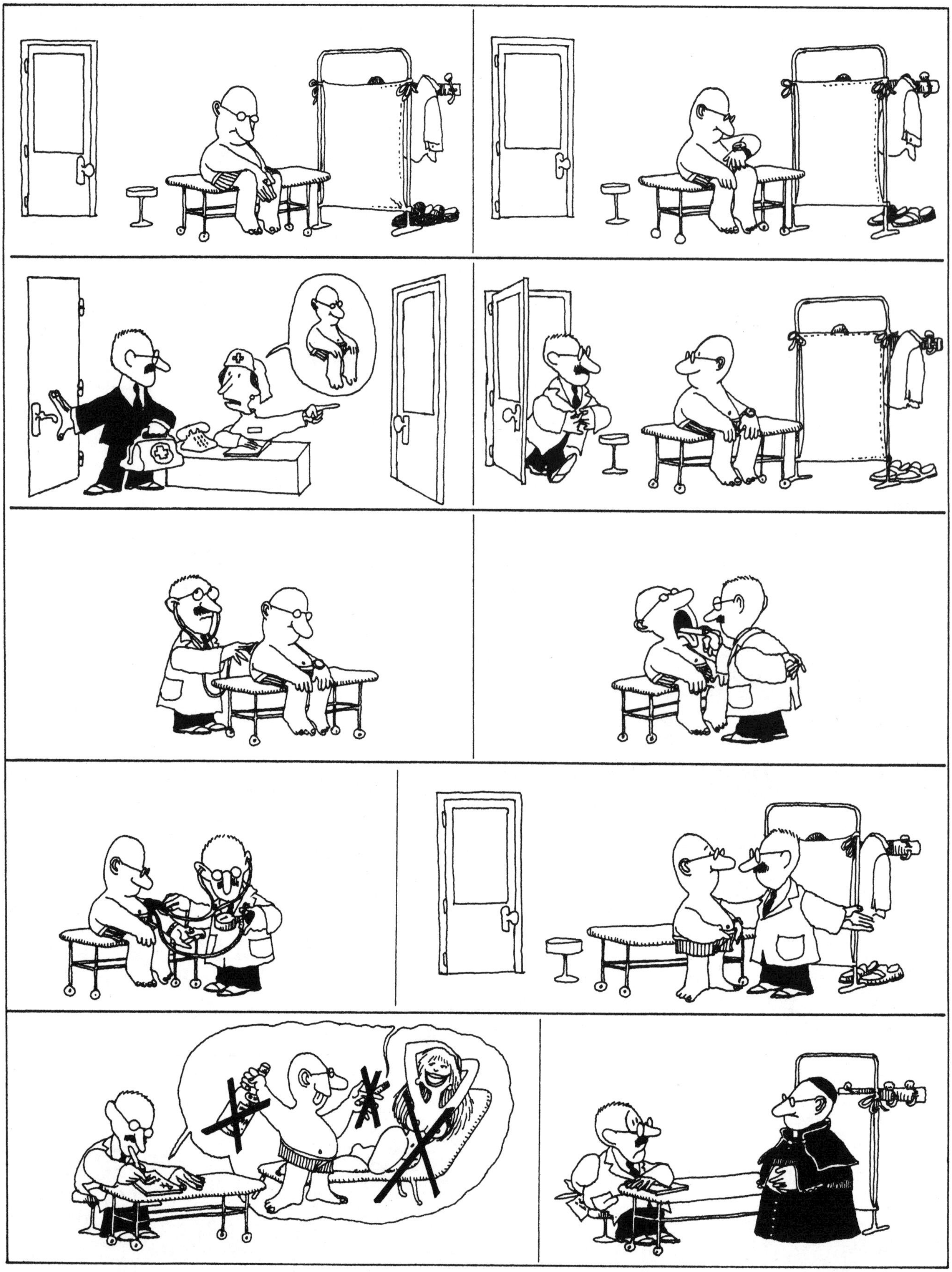

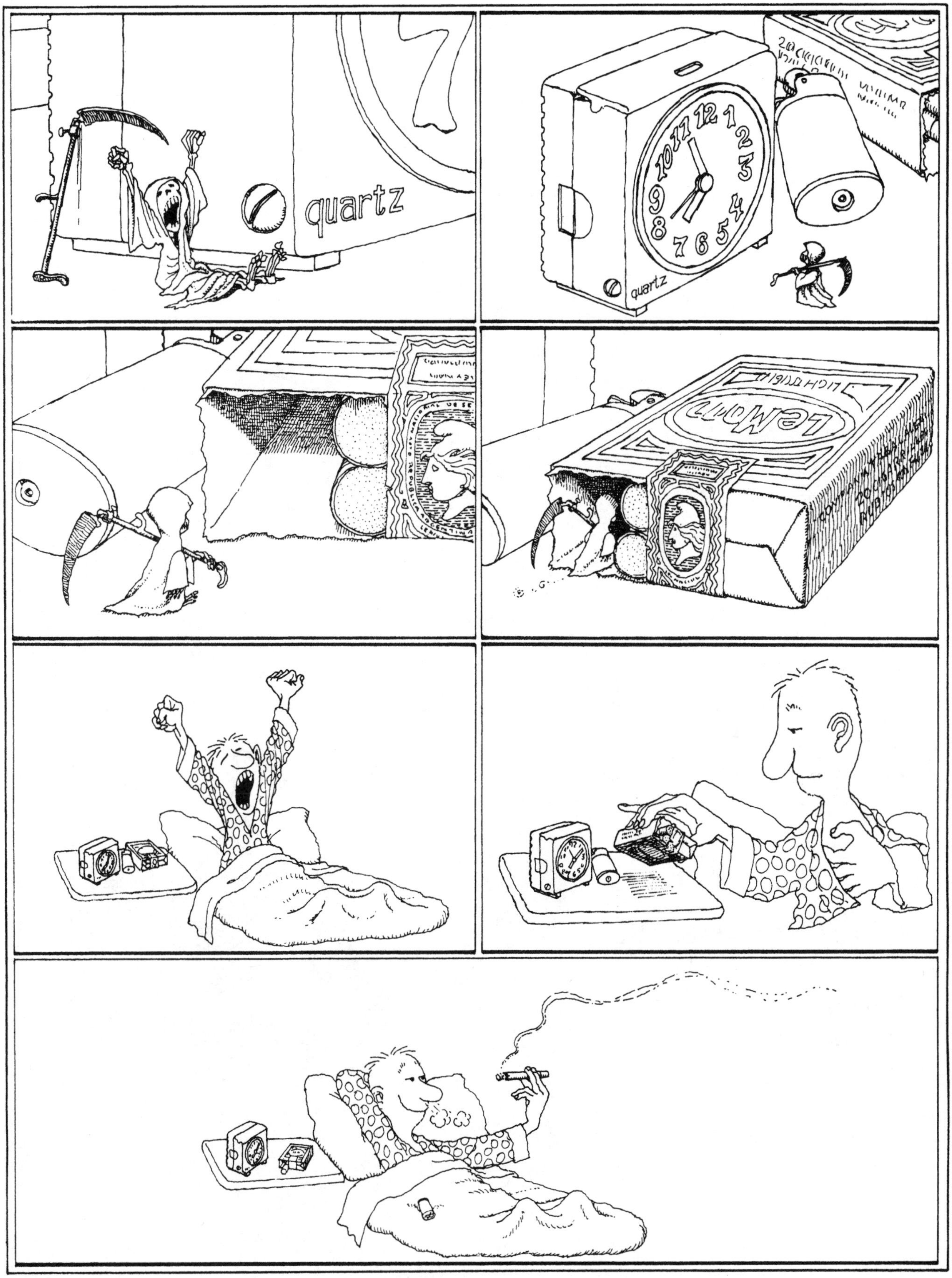
quartz
quartz

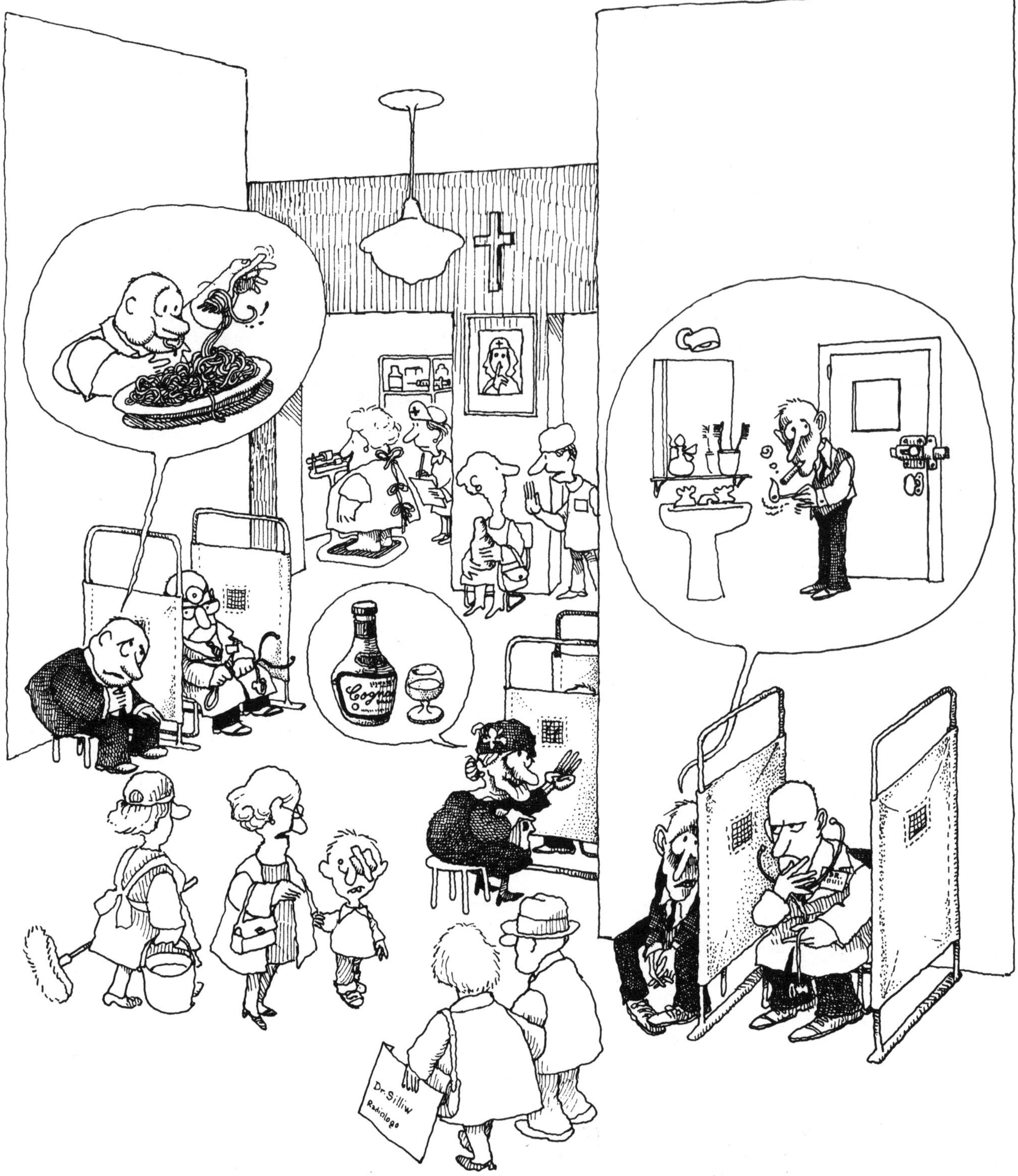
Dr. Silliw
Radiologo

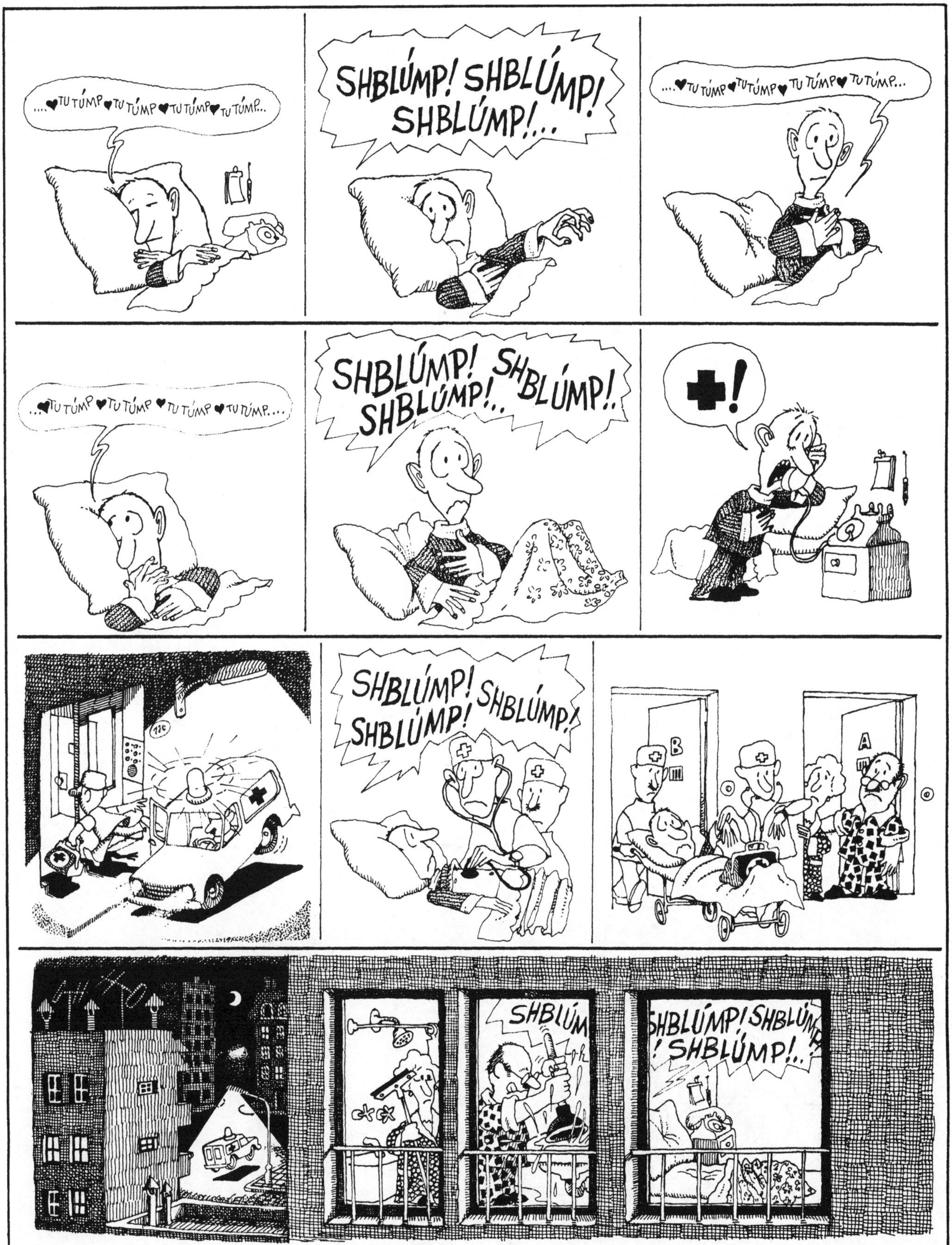
....TU TÚMP TU TÚMP TU TÚMP TU TÚMP...
SHBLÚMP! SHBLÚMP! SHBLÚMP!...
....TU TÚMP TU TÚMP TU TÚMP TU TÚMP...
...TU TÚMP TU TÚMP TU TÚMP TU TÚMP....
SHBLÚMP! SHBLÚMP! SHBLÚMP!..
+!
SHBLÚMP! SHBLÚMP! SHBLÚMP!
B
A
SHBLÚM
SHBLÚMP! SHBLÚMP! SHBLÚMP!..

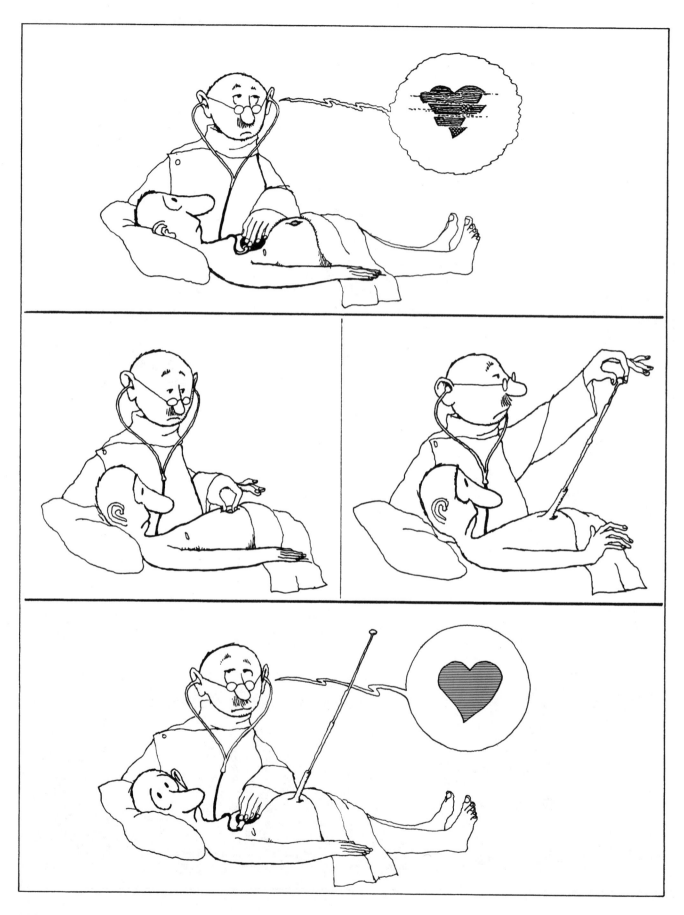

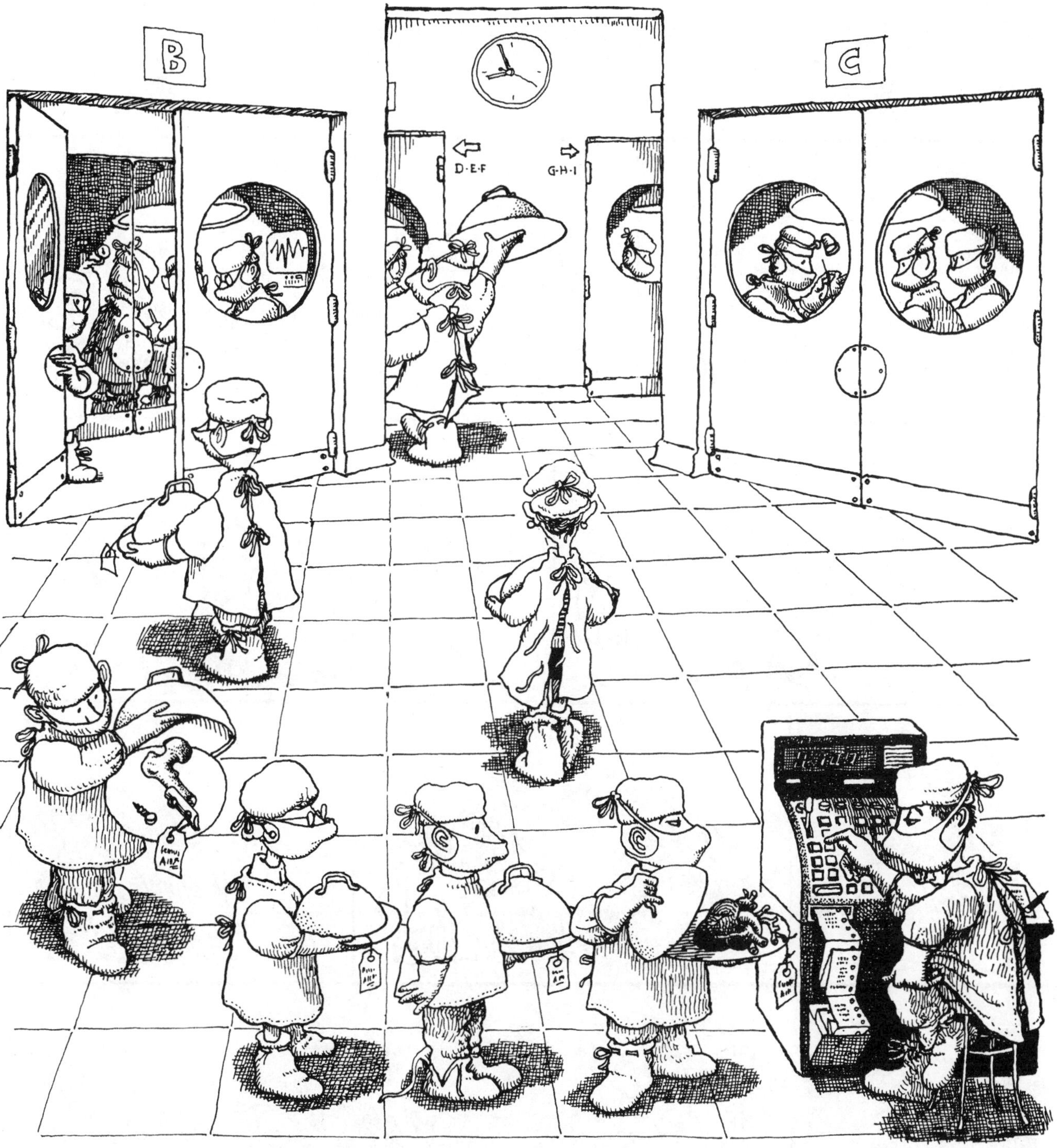
B
D·E·F
G·H·I
C

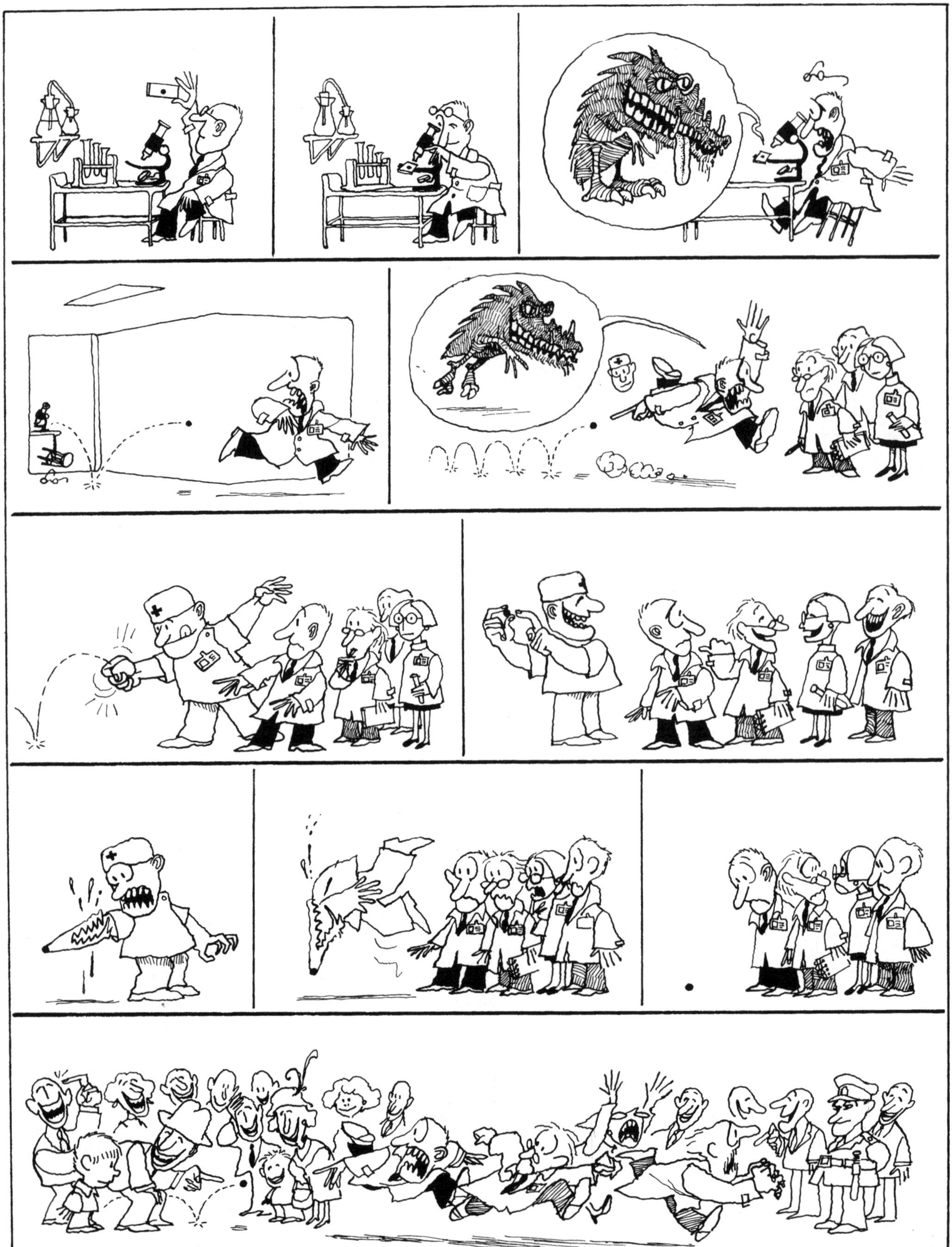

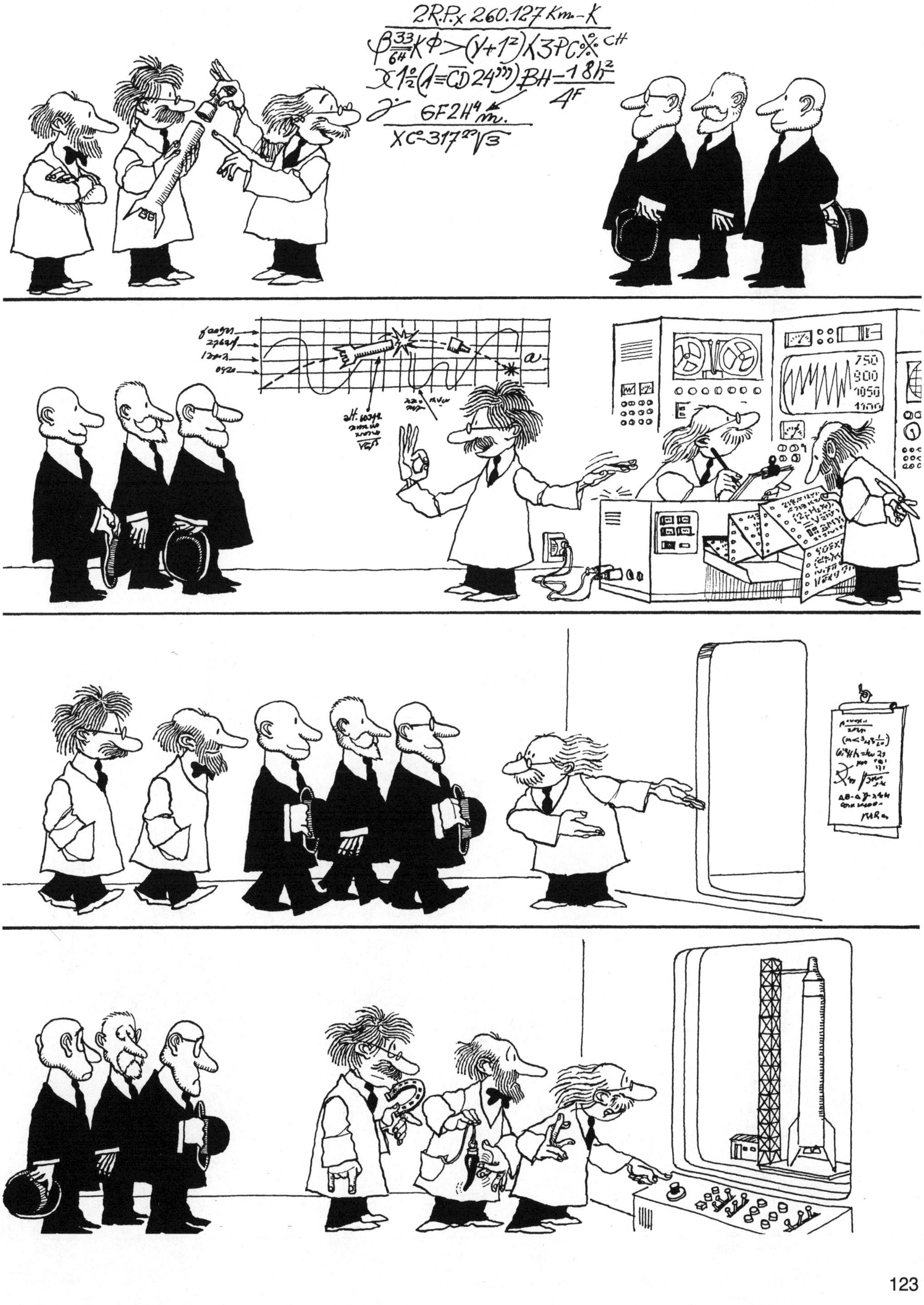
2R.P.x 260.127 Km-K
750
900
1050

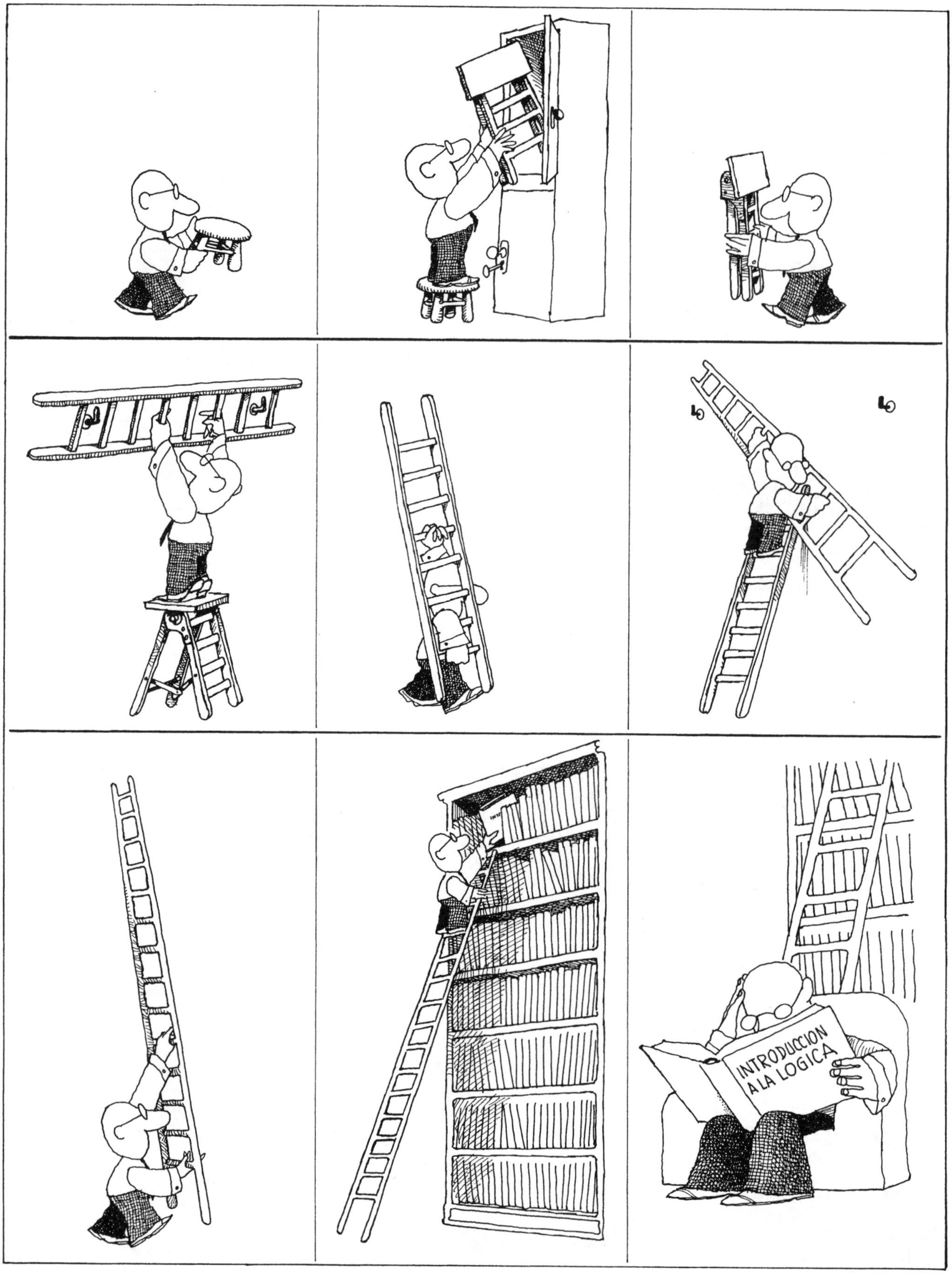
INTRODUCCION
A LA LOGICA

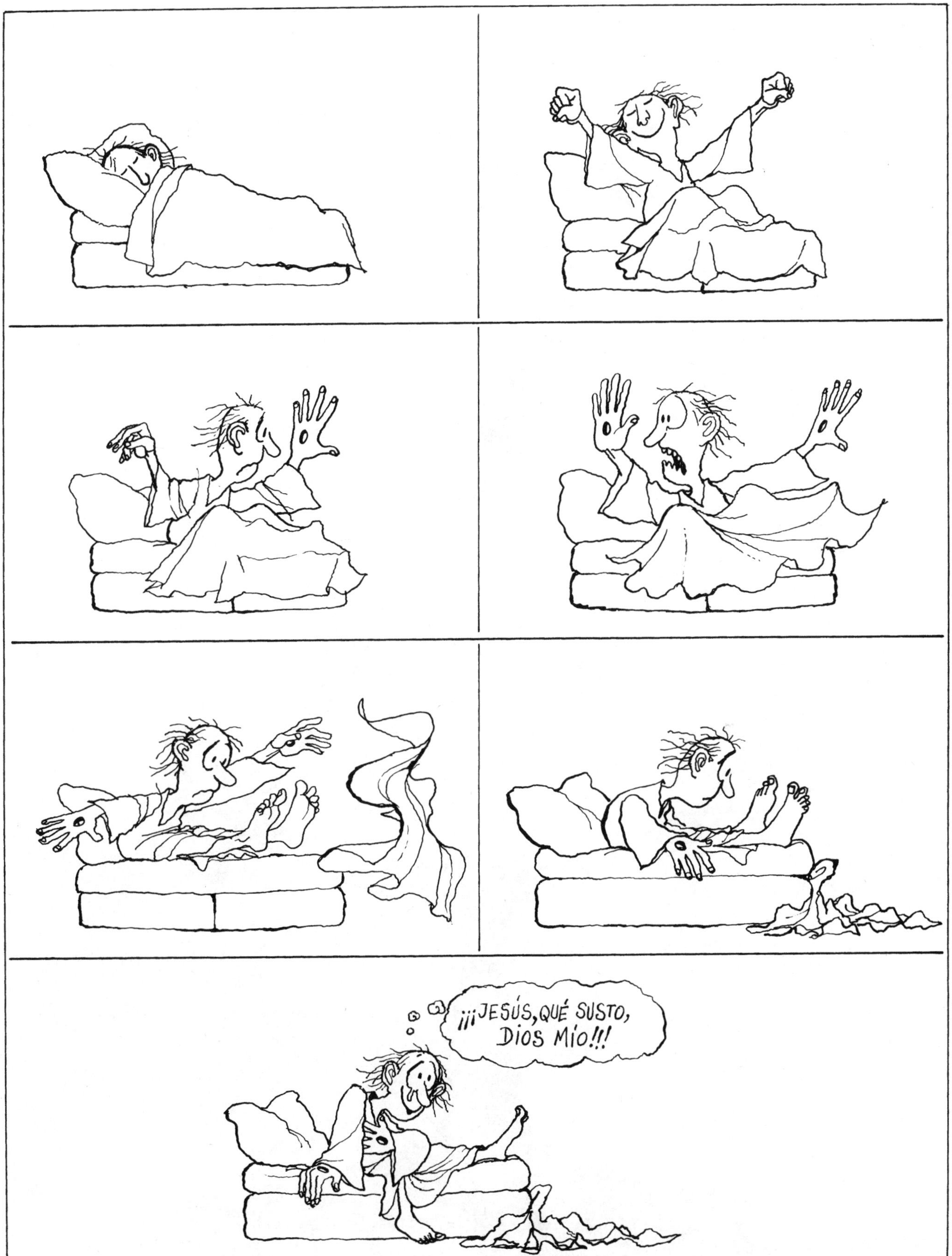
¡¡¡JESÚS, QUÉ SUSTO,
DIOS MÍO!!!

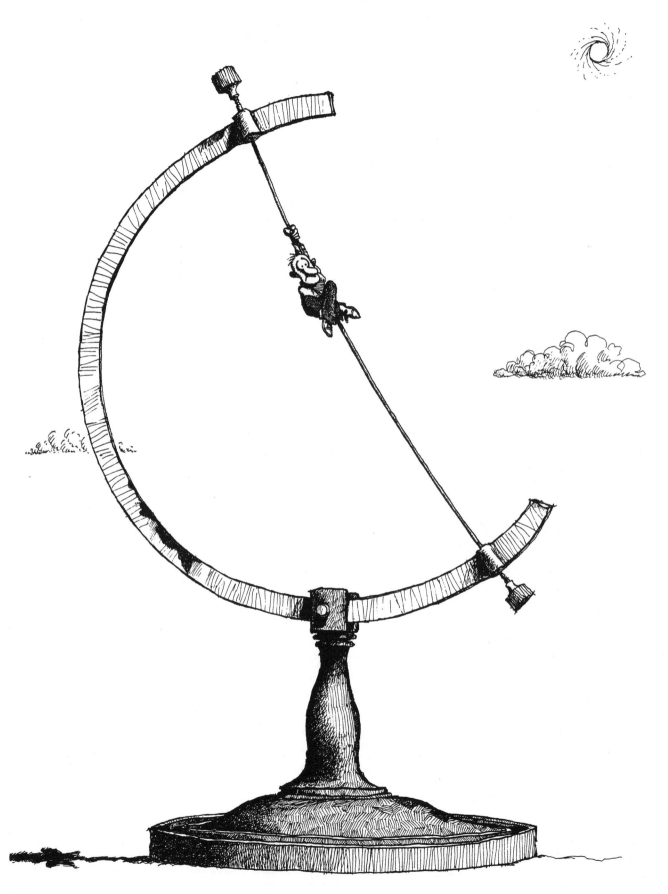

Humano se nace, de Quino
se terminó de imprimir en abril de 2015
en los talleres de Litográfica Ingramex, S.A. de C.V.
Centeno 162-1, Col. Granjas Esmeralda,
C.P. 09810 México, D.F.